ZHONGHUA RENMIN GONGHEGUO LIANGSHI ANQUAN

BAOZHANGFA ZHISHI WENDA

中华人民共和国粮食安全保障法知识问答

—— 赵霞　曹宝明 等/编著 ——

中国农业出版社

北　京

图书在版编目（CIP）数据

中华人民共和国粮食安全保障法知识问答 / 赵霞等
编著 . —北京：中国农业出版社，2024.5
ISBN 978-7-109-32022-2

Ⅰ.①中…　Ⅱ.①赵…　Ⅲ.①粮食安全保障法－中国
－问题解答　Ⅳ.①D922.45

中国国家版本馆 CIP 数据核字（2024）第 107606 号

中国农业出版社出版

地址：北京市朝阳区麦子店街 18 号楼
邮编：100125
策划编辑：闫保荣
责任编辑：郑　君　　　文字编辑：张斗艳
版式设计：小荷博睿　　责任校对：吴丽婷
印刷：中农印务有限公司
版次：2024 年 5 月第 1 版
印次：2024 年 5 月北京第 1 次印刷
发行：新华书店北京发行所
开本：700mm×1000mm　1/16
印张：14.5
字数：190 千字
定价：68.00 元

序

　　粮食是人类赖以生存的营养和能量来源。一部人类进化史就是一部人类以粮食为基础的食物演化史，无论是在采集与狩猎的蛮荒时代、刀耕火种的农耕社会，还是在化学技术助力农业发展的工业社会、生物技术驱动农业革命的后工业社会，食物的演化始终伴随着人类社会的进步与变革。在中华民族数千年文明史中，无论是在国家治理层面，还是在粮食产业层面，抑或是在粮食消费层面，都积淀了极其丰富的粮食安全特别是食物方面的社会文化和治理经验。例如，"民以食为天"（《史记·郦生陆贾列传》），"谁知盘中餐，粒粒皆辛苦"（《古风二首其二》），"高筑墙，广积粮"（《明史·朱升传》），"五谷者万民之命，国之重宝"（《齐民要术·杂说》），等等。以习近平同志为核心的党中央高度重视粮食安全问题，2013年12月，习近平同志在中央农村工作会议上发表重要讲话指出：洪范八政，食为政首。我国是个人口众多的大国，解决好吃饭问题始终是治国理政的头等大事。即将实施的《中华人民共和国粮食安全保障法》以新时代国家粮食安全观为引领，传承了中华民族优秀传统粮食文化，汲取了社会主义市场经济条件下维护和实现国家粮食安全的理论成果、政策成就和法治经验，实现了我国粮食安全从市场治理、政策治理向法律治理的历史性转变，为夯实国家粮食安全根基提供了坚实的法治保障。由于该法是我国第一部以粮食安全保障为主题的专门立法，其中的许多概念、知识以及若干理论问题和实践问题对于广大干部群众来说还有待进一步学习领会，迫切需要有关专家提供专业解读。

《中华人民共和国粮食安全保障法知识问答》选题精准、知识丰富，在对若干问题进行解读时科学严谨、深入浅出，不仅体现了作者深厚的学术功底，而且表达了作者对读者的知识关怀。例如，关于"粮食"和"食物"的概念，本书给出了科学严谨的内涵和外延：粮食是人们从人工自然生态系统中获取的能够为人类生命活动提供营养和能量支持的植物类食物，按照中国政府的官方统计口径，粮食包括谷物、豆类和薯类；食物是人们从人工自然生态系统中获取的能够为人类生命活动提供营养和能量支持的生物物品，包括植物类食物（粮食、水果、蔬菜等）、动物类食物（肉、蛋、奶等）、微生物类食物（菌菇、藻类等）。并且给出了"狭义的食物观"和"广义的食物观"的分类说明。这为深入践行习近平总书记提出的"大食物观"提供了科学论据。

南京财经大学粮食和物资学院作为粮食安全理论与政策的研究高地，长期以来紧密围绕国家粮食安全的重大需求，在人才培养、科学研究、智库服务以及国际合作与交流方面均取得了丰硕成果。赵霞教授和曹宝明教授更是粮食安全领域的著名专家，他们领衔编著的这本知识问答，兼具知识性、科学性和权威性。我很高兴向广大读者推荐本书。

谨以为序。

中国工程院院士　　　　　陈温福
沈阳农业大学教授

2024 年 4 月 6 日

前　言

　　粮食安全，"国之大者"。粮食安全是全面建成小康社会目标如期实现的重要保障，也是开启全面建设社会主义现代化国家新征程、实现中华民族伟大复兴中国梦的重要支撑。粮食安全不只是人民安全、政治安全、经济安全、军事安全、科技安全、文化安全、社会安全的前提和基础，更是国家安全的核心所在，是名副其实的"国安之首"。

　　党的十八大以来党领导维护国家粮食安全，走出了一条植根历史、造福当代、影响世界的中国特色的粮食安全之路。面对世界百年未有之大变局，迫切需要对党的十八大以来党领导维护国家粮食安全的实践和经验进行科学概括和总结，为实现中华民族伟大复兴的中国梦寻求持续的粮食安全支撑。《中华人民共和国粮食安全保障法》（以下简称《粮食安全保障法》）是我国第一部以粮食安全保障为主题的专门法律，于 2023 年 12 月 29 日第十四届全国人民代表大会常务委员会第七次会议通过，自 2024 年 6 月 1 日起施行。《粮食安全保障法》共 11 章 74 条，包括总则、耕地保护、粮食生产、粮食储备、粮食流通、粮食加工、粮食应急、粮食节约、监督管理、法律责任、附则。《粮食安全保障法》以习近平新时代中国特色社会主义思想为引领，传承了中华民族优秀传统粮食文化，汲取了市场经济条件下维护和实现国家粮食安全的理论成果、政策成就和法治经验，推动了我国粮食安全从市场化治理、政策性治理向法治化治理的历史性转变，为国家粮食安全提供了坚实的法治保障。《粮食安全保障法》的实施，对于深入实施国家粮食安全新战略、促进粮食安全体系和能力现代化、全方位夯实粮食安全根基，具有十分重大而深远的意义。

为了更好地学习、宣传、贯彻和实施《粮食安全保障法》，在中国农业出版社的大力支持下，南京财经大学粮食和物资学院的专家团队在承担国家社会科学基金重大项目"党的十八大以来党领导维护国家粮食安全的实践和经验研究"和重点项目"粮食安全的法治保障研究"的过程中，组织编写了这本《中华人民共和国粮食安全保障法知识问答》。本书以《粮食安全保障法》的章节和条文顺序为主线，围绕在《粮食安全保障法》贯彻实施过程中如何正确理解、运用和遵守法律的实践需求，对法律文本中的一些基本概念、基本知识和基本问题进行了解答。

在本书编写过程中，作者团队在充分研究和解读法律条文的基础上，面向实践需求，精心设计问题，科学进行解答，力求以准确、详尽且通俗易懂的方式解读《粮食安全保障法》。本书适合各级党政领导干部、粮食和农业行政管理部门领导和工作人员、各类粮食企业负责人、从事粮食安全领域教学科研的教师和研究生阅读参考，也可以作为党政干部、企业负责人、国有粮食企业干部职工的培训资料和工作手册。

由于编著者水平有限，本书在编写过程中难免挂一漏万，甚至可能存在一些谬误，恳请广大读者批评、指正。

赵 霞

2024 年 4 月 12 日

目　录

序

前言

1

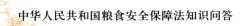

第一章 粮食安全，"国之大者"

❶《粮食安全保障法》中的"粮食"定义是什么？

　　"粮食"是中国独有的概念，在英文中没有完全对应的词汇，在国际上与粮食相关的概念是食物（Food）或谷物（Grain）。粮食是人们从人工自然生态系统中获取的能够为人类生命活动提供营养和能量支持的植物类食物。食物是人们从人工自然生态系统中获取的能够为人类生命活动提供营养和能量支持的生物物品。食物包括植物类食物、动物类食物和微生物类食物。其中，植物类食物包括粮食、水果和蔬菜，粮食则包括谷物、豆类和薯类。因此，食物、粮食和谷物这三个概念的关系是，食物包括粮食，粮食包括谷物。按照中国政府的官方统计口径，粮食包括谷物、豆类

和薯类。①

《粮食安全保障法》中的粮食是指小麦、稻谷、玉米、大豆、杂粮及其成品粮。杂粮包括谷子、高粱、大麦、荞麦、燕麦、青稞、绿豆、马铃薯、甘薯等。

❷《粮食安全保障法》适用于哪些品种的安全保障工作?

《粮食安全保障法》除适用于粮食的安全保障工作外,油料、食用植物油的安全保障工作也参照适用本法。

❸. 国家为什么要制定《粮食安全保障法》?

粮食事关国计民生,粮食安全是国家安全的重要基础。党中央、国务院高度重视国家粮食安全工作。习近平总书记指出,解决好十几亿人口的吃饭问题,始终是我们党治国理政的头等大事;只有把牢粮食安全主动权,才能把稳强国复兴主动权;必须全方位夯

---

① 曹宝明,唐丽霞,胡冰川,等. 全球粮食危机与中国粮食安全 [J]. 国际经济评论,2021 (2):9-21,4.

实粮食安全根基，既要抓物质基础，也要抓机制保障。李强总理强调，不断增强粮食安全是"国之大者"的意识，紧抓耕地和种子"两个要害"，加快实施新一轮千亿斤粮食产能提升行动，切实保障粮食安全和重要农产品稳定安全供给，端牢中国人自己的饭碗。

当前我国粮食安全形势总体较好，粮食连年丰收，库存充足，市场供应充裕。与此同时，我国粮食需求刚性增长，粮食安全仍面临耕地总量少、质量总体不高、粮食稳产增产难度加大、储备体制机制有待健全、流通体系有待完善、加工能力有待提升、应急保障有待加强、节约减损有待规范等诸多问题挑战。党的十八大以来，党中央出台了一系列粮食安全有关政策措施，在粮食生产、储备、流通、加工等方面的改革探索不断深化，形成了一大批改革成果，积累了丰富的实践经验，为制定《粮食安全保障法》提供了坚实基础。现行的《中华人民共和国农业法》（以下简称《农业法》）《中华人民共和国土地管理法》（以下简称《土地管理法》）《中华人民共和国黑土地保护法》（以下简称《黑土地保护法》）《中华人民共和国种子法》（以下简称《种子法》）《中华人民共和国农业机械化促进法》（以下简称《农业机械化促进法》）《中华人民共和国农业技术推广法》（以下简称《农业技术推广法》）以及《粮食流通管理条例》《中央储备粮管理条例》等法律法规为粮食安全提供了法律保障，但整体上还比较分散。为适应实施国家粮食安全战略的新要求，解决粮食安全保障工作面临的新问题，迫切需要以习近平新时代中国特色社会主义思想为遵循，以国家粮食安全体系和能力现代化为目标，制定和实施《粮食安全保障法》，为国家粮食安全寻求坚实的法治保障。

❹ 什么是国家粮食安全战略？

党的十八大以来，以习近平同志为核心的党中央把粮食安全作为治国理政的头等大事，提出了"确保谷物基本自给、口粮绝对安全"的新粮食安全观，确立了以我为主、立足国内、确保产能、适度进口、科技支撑的国家粮食安全战略，走出了一条中国特色粮食安全之路。习近平同志提出的国家粮食安全战略在确保国家粮食安全方面作出了新的科学回答，为应对复杂多变的国际国内形势下的粮食安全挑战指明了新的方向①：

（1）以我为主、立足国内。中国是世界上最大的粮食生产国和消费国，尽管农业资源禀赋欠佳，但解决十几亿人口的吃饭问题不能寄希望于国际市场。中国一旦从国际市场大量采购，势必引起国际粮价大幅上涨，不仅会加大我国维护粮食安全的成本，而且会影响我国与一些缺粮国家和发展中国家的关系。

（2）确保产能。习近平同志提出"坚持产量产能一起抓"的指导思想，强调了在增加粮食产量的同时，也要注重提升粮食产能，提高粮食综合生产能力。

（3）适度进口。中国作为世界上最大的粮食消费国之一，面临着巨大的粮食消费需求。在确保国内市场稳定的前提下，适度进口短缺粮食品种，比如大豆、玉米和部分杂粮，是我国的战略选择，可以帮助我国满足国内需求，弥补国内某些粮食品种的产量不足。

（4）科技支撑。"藏粮于技"强调了农业现代化与农业科技现代化的重要性，农业现代化的关键在于农业科技现代化，要让农民利用最先进的技术种植最优质的粮食。"藏粮于技"的核心思想是通过科技支撑来提升粮食生产效率和质量，从而缓解资源环境对我国粮食生产的制约，实现增产、提质、降本、增效，进而确保粮食安全。

---

① 普蕾喆，郑风田．习近平关于国家粮食安全论述的战略与策略维度论析：兼论发展中的粮食安全治理体系［J］．当代经济管理，2024，46（2）：1-8.

5. 什么是"藏粮于地、藏粮于技"战略?

2015 年 11 月,《中华人民共和国国民经济和社会发展第十三个五年规划纲要》提出,"坚持最严格的耕地保护制度,全面划定永久基本农田。实施藏粮于地、藏粮于技战略""确保谷物基本自给、口粮绝对安全"。

"藏粮于地"就是要守住管好天下粮仓,科学合理利用耕地资源,通过提高耕地质量和土地生产力,实现粮食生产稳产高产。中国的耕地资源总量相对较少,并且分布不均匀,加上后备资源有限,使得保护耕地和提升耕地质量成为确保国家粮食安全的必要措施。首先,保护耕地是关键。习近平同志反复强调要"严守十八亿亩耕地红线"。① 在经济社会快速发展背景下,存在发展粮食生产与推进工业化、城镇化之间的竞争和平衡问题,强化耕地保护责任十分紧迫。其次,提升耕地质量也是重要的举措。保护耕地质量是确保耕地的肥力、排水条件、土壤结构等质量指标符合农业生产的需要。针对生态脆弱区、地下水漏斗区、土壤重金属污染区出现的耕地质量下降的新问题,习近平同志提出要开展土壤污染治理,必要时要轮作休耕。针对目前我国耕地中约三分之二是中低产田,高标准农田占比亟待提高这一新问题,习近平同志多次提及、系统部署"高标准农田建设"。

科学技术是第一生产力,是保障粮食安全的"根本出路"。习近平同志提出的"藏粮于技"和"稳产增产根本出路在科技"强调了科技创新对于推动粮食产能提升的重要性。中国历来注重以科技进步来突破资源禀赋的约束,通过科技创新来提高农业生产

---

① 常璇. 习近平关于国家粮食安全重要论述的创新性贡献 [J]. 经济学家,2024 (3): 5-14.

效率和农业可持续发展能力。目前，我国农业科技"最大的短板就是种子"，面对种业"卡点"，习近平同志深刻认识到种业重要性，提出"中国人的饭碗要牢牢端在自己手中，就必须把种子牢牢攥在自己手里"。① 种业振兴从科技支撑层面对保障国家粮食安全作出了重要贡献。推动种业振兴，利用科技创新提高种子质量和供应，可以有效地提升农作物产量和品质，从源头上确保国家粮食安全。

6. 什么是大食物观？

食物是人们从人工自然生态系统中获取的能够为人类生命活动提供营养和能量支持的生物物品，包括植物类食物（粮食、水果、蔬菜等）、动物类食物（肉、蛋、奶等）、微生物类食物（菌菇、藻类等）。狭义的食物观强调"以粮为纲"，是基于特殊历史时期食物短缺和解决温饱问题的战略选择；大食物观也就是广义的食物观，强调食物的多样性，涵盖粮食、水果、蔬菜、肉、蛋、奶、菌菇、藻类等各类食物资源，既是基于人民群众的食物消费已经从吃得饱到吃得好向着营养健康要求转变，也是着眼于世界百年未有之大变局构建从粮食安全到食物安全多重保障的战略选择，是新粮食安全观的科学拓展和实践延伸。

1992 年出版的《摆脱贫困》一书中提出："现在讲的粮食即食物，大粮食观念替代了以粮为纲的旧观念。" 30 年后，在 2022 年全国两会上，习近平同志强调要树立大食物观，"在确保粮食供给的同时，保障肉类、蔬菜、水果、水产品等各类食物有效供给，缺了哪样也不行"。从 2015 年中央农村工作会议首次提出"树立大农

---

① 中共中央党史和文献研究院．习近平关于国家粮食安全论述摘编［M］．北京：中央文献出版社，2023．

业、大食物观念"，到 2022 年中央农村工作会议强调"树立大食物观，构建多元化食物供给体系，多途径开发食物来源"，"大食物观"的内涵不断丰富和发展。

　　大食物观是党中央粮食安全观念的战略性改变，是对传统粮食安全理念的创新和发展，是在确保小麦、稻谷等主粮有效供给的同时，确保其他各类食物的有效供给。大食物观基础是粮食，把抓好粮食生产和重要农产品供给摆在首要位置，其中大豆和油料产能提升、加快扩大牛羊肉和奶业生产、提升渔业发展质量等方面的部署，是大食物观的一个具体体现，是"向耕地草原森林海洋、向植物动物微生物要热量、要蛋白，全方位多途径开发食物资源"的一种观念，是推动农业供给侧结构性改革的重要内容。①

　　要贯彻大食物观，关键是推动我国农业发展方式实现从耕地资源向整个国土资源、从传统农作物和畜禽资源向更丰富的生物资源、

---

　　① 黄玥，董博婷，等．第一观察｜习近平心目中的"大食物观"［EB/OL］．新华网，2022－03－09．

从单一的供给侧管理向需求侧管理等三个拓展，践行五种观念①：

（1）践行"大资源观"。立足我国人多地少的基本国情，从耕地资源向整个国土资源拓展，全方位、多途径开发食物资源，宜粮则粮、宜经则经、宜牧则牧、宜渔则渔、宜林则林，开发丰富多样的食物品种。

（2）践行"大农业观"。坚持以粮食生产为基础，统筹粮经饲生产，推动种养加一体、农林牧渔结合，促进农业供给体系结构优化、高质高效，推动形成同市场需求相适应、同资源环境承载力相匹配的现代农业生产结构和区域布局。探索发展智慧农业、植物工厂，有效缓解我国农业资源的瓶颈约束。从传统农作物和畜禽资源向更丰富的生物资源拓展，发展生物科技、生物产业，向植物动物微生物要热量、要蛋白。

（3）践行"大市场观"。一方面，充分发挥市场在资源配置中的决定性作用，更好发挥政府作用，不断增强粮食和食物产业链供应链韧性，全面提升粮食、肉类、蔬菜等各类食物保供能力和水平；另一方面，进一步从战略上提升统筹国内国际两个市场、两种资源的能力，畅通国内国际农业食品循环，提高农业食品国际供应链的安全性、稳定性和可持续性。

（4）践行"大科技观"。利用科技将食物来源从传统农作物和畜禽资源向更丰富的生物资源拓展。目前被人类所利用的微生物种类尚不到地球微生物总量的1%。近年来，开发利用真菌源蛋白、合成型替代蛋白等微生物食物产品，成为世界各国农业科技竞争的重要领域，前景十分广阔。

（5）践行"大安全观"。粮食安全是基础，必须始终绷紧粮食安全这根弦，把中国人的饭碗牢牢端在自己的手中。生态安全是底线，

---

① 杨丽，杜阳莉. 大食物观：价值意蕴、科学内涵和实践路径［J］. 山东农业工程学院学报，2024，41（2）：18-23.

需要牢固树立和践行绿水青山就是金山银山的理念，更加注重保护资源和环境，实现食物资源开发和生产绿色高质量可持续发展。食品安全是红线，坚持用最严谨的标准、最严格的监管、最严厉的处罚、最严肃的问责，强化食品安全管理，确保人民群众吃得安全、吃得健康。同时，加强战略布局、突出重点环节，加快构建以粮食安全为基础、以确保食物有效供给为目标的粮食安全综合保障体系。

❼ 什么是粮食安全责任制？

粮食安全责任制是指一种由政府主导、各级部门和社会各界共同参与的管理体系，旨在确保国家粮食安全的一系列措施和制度安排。

粮食安全责任制最早可以追溯到"米袋子"省长负责制。"米袋子"省长负责制出台的背景是 1993 年，南方稻谷减产引发了全国性粮食价格上涨。[①] 负责"米袋子"主要就是负责粮食生产、流通和储备三个方面。但是，部分地方政府存在着放松粮食生产、轻视粮食安全问题，过度依靠中央的现象，自觉承担维护国家粮食安全责任的意识有待加强。因此，2014 年 12 月 31 日，国务院发布了《关于建立健全粮食安全省长责任制的若干意见》，对建立健全粮食安全省长责任制作出全面部署。[②] 2015 年 2 月 16 日，国家粮食局出台了《关于贯彻落实〈国务院关于建立健全粮食安全省长责任制的若干意见〉的指导意见》，要求各地粮食部门认真履行部门职责，创造性地落实粮食部门牵头负责的各项任务。[③] 2015

---

① 甘林针，钱龙，钟钰. 成效不彰 VS 行之有效：粮食安全省长责任制促进了粮食生产吗？[J]. 经济评论，2024（2）：22-35.
② 《国务院关于建立健全粮食安全省长责任制的若干意见》（国发〔2014〕69 号）.
③ 《国家粮食局关于贯彻落实〈国务院关于建立健全粮食安全省长责任制的若干意见〉的指导意见》（国粮政〔2015〕23 号）.

年 11 月 3 日，国务院办公厅发布《粮食安全省长责任制考核办法》，明确粮食安全省长责任制考核主体、原则、内容、程序和结果运用等事项，对建立粮食安全省长责任制考核机制作出全面部署。①

习近平总书记在 2020 年年底召开的中央农村工作会议上明确提出："粮食安全要实行党政同责，'米袋子'省长要负责，书记也要负责。"在 2021 年年底的中央政治局常委会会议上，再次强调："保证粮食安全，大家都有责任，党政同责要真正见效。"在 2022 年年底召开的中央农村工作会议上，响鼓重槌："粮食安全党政同责要求很明确，现在关键是要严格考核，督促各地真正把责任扛起来。"总书记一系列重要指示，将重农抓粮工作重要性提升到前所未有的新高度，为进一步强化我国粮食安全保障体系、筑牢稳粮抓粮的制度基石指明了方向和路径。

该制度通过明确各方的责任和义务，促进粮食生产、流通、储备、消费等各个环节的有序运作，以确保全社会的粮食供应充足、质量安全，进而维护国家的粮食安全。粮食安全是一个全局的、动态的概念，在不同阶段和不同的经济发展水平下，粮食安全的目标是不断变化的，其安全状况可以通过一定的数量指标反映。② 粮食安全责任制明确了政府在粮食安全管理中的主导地位。政府作为主体，负有制定相关政策、行政法规的责任，同时承担监督、调控和协调各方面资源的职责，确保粮食供应的稳定和安全。粮食安全责任制要求各级部门积极参与粮食安全管理。各级政府部门要按照职责分工，加强对粮食生产、储备、流通、检验检疫等环节的监管，及时发现并解决存在的问题，保障粮食生产、储备和流通的顺畅运

---

① 《国务院办公厅关于印发粮食安全省长责任制考核办法的通知》（国办发〔2015〕80 号）。

② 周晶，李双喜. 粮食安全责任制考核研究 [J]. 粮食与油脂，2022，35（8）：159－162.

作。粮食安全责任制还强调了社会各界的参与和监督作用。农民、粮食生产企业、加工企业、消费者等各方主体要充分发挥自身作用，自觉保障粮食生产的质量和数量，履行粮食安全管理的责任，共同维护国家粮食安全。

在粮食安全责任制下，政府扮演着重要的角色。其责任包括建立健全粮食生产政策和规划、调控粮食市场供需、保障农民的合法权益、加强粮食安全监测和预警等。政府通过政策支持和经济激励，鼓励农民增加粮食种植面积、提高种植效率，同时加强对农业技术的研发和推广，以提高粮食生产的科技含量和产量。

在粮食生产环节，农民是重要主体。他们需要按照国家的种植结构调整规划和粮食生产标准，合理选择作物种植，科学施肥、灌溉，做好病虫害防治工作，确保粮食生产的质量和数量。政府要加强对农民的培训和指导，提高其粮食生产的技术水平和管理能力。

在粮食流通环节，粮食生产企业、加工企业和流通企业也承担着重要责任。他们需要严格遵守粮食质量安全标准，保证粮食加工、储存、运输等环节的卫生安全，防止粮食污染和变质。政府要加强对企业的监管，加大对违法行为的打击力度，保障粮食流通环节的畅通和安全。

在粮食消费环节，政府需要加强对食品安全的监管和检验检疫工作，确保消费者购买到安全、健康的粮食产品。同时，还要加强对食品安全知识的宣传和教育，提高消费者的食品安全意识和素质，让他们成为粮食安全的守护者和监督者。

粮食安全责任制的实施对于维护国家粮食安全具有重要意义。它不仅有利于提高粮食生产效率和质量，保障粮食供应的充足性和稳定性，还有助于加强对粮食流通和消费环节的监管，防止粮食安全事件的发生，切实保障国家粮食安全。

8. 国家如何提升粮食供给能力和质量安全？

国家粮食供给能力是指一个国家或地区在一定时间内生产、储存、运输和分配粮食的能力。粮食质量安全是指粮食在生产、加工、运输、储存和销售过程中，保持良好的品质和安全性，不含有对人体健康有害的物质，符合国家或国际标准的要求。

提升粮食供给能力的主要措施有[①]：①科学规划粮食生产布局，形成区域协同发展新格局。落实"长牙齿"的耕地保护硬措施。根据当地生态环境和土地资源，对于不具备发展粮食种植的地区逐步实行生态退耕和生态保护，守住生态红线。②推动粮食科技创新，强化种业综合实力。③创新生产经营机制，完善农业社会化服务体系。④建立健全政策支持，进一步加强粮食供给制度保障。

提升粮食质量安全的措施主要有[②]：①加快质监队伍建设。建立科学完善的人才评价机制，针对粮油质检岗位，积极吸引专业性较强的技能型人才，最大限度地发挥个人专业特长，提升基层粮食质检人员的业务素养。②提升质量管理水平。按照《检验检测机构资质认定管理办法》及《检验检测机构资质认定评审准则》要求，从组织、人员、工作环境、设备设施、管理体系各个环节入手，完善和健全实验室质量管理体系，保证质量体系持续有效地运行。③推进标准的持续完善。为适应经济发展和市场需要，促进粮食生产，提高其竞争力，相关部门需要不断完善相关标准。[③] ④加强组织保障。加强组织保障，夯实责任，明确任务，是落实国家粮食安

① 黄悦，张社梅. 四川省粮食产业供给特征及能力提升策略研究［J］. 西南农业学报，2023，36（8）：1584-1593.

② 王伟，褚毅宏，张艳，等. 粮食质量安全现状及全面质量管理对策研究［J］. 粮食流通，2023，29（14）：10-12.

③ 党捷，韩建平，汪福友. 新形势下粮食安全的新内涵［J］. 现代食品，2018（10）：181-184.

全战略、强化安全保障能力建设、保障粮食质量安全的有力支撑。在做好粮食质量管理的基础上，通过政府监管、行业自律和社会监督，加强诚信建设，综合抓好粮食质量管理各项法规制度建设，创新信息化管理手段，积极构建粮食质量安全社会共管局面。

❷ 我国在加强国际粮食安全合作方面做了哪些工作?

中国是负责任的发展中大国，不仅通过维护自身的粮食安全为全球粮食安全作出贡献，而且以构建人类命运共同体为使命，通过联合国粮农组织和南南合作，积极参与全球粮食安全治理与合作。我国在加强国际粮食安全合作方面做了如下工作：

（1）《粮食安全保障法》的制定和实施，为国际粮食安全合作提供了坚实的法律保障。该法明确了国家粮食安全战略，强调了粮食生产、储备、流通、消费等各个环节的安全保障措施，为我国参与国际粮食安全合作提供了明确的政策导向和行动准则。在此基础上，我国积极与其他国家开展粮食安全政策对话，分享粮食安全治理经验，推动形成更加公平、合理、有效的国际粮食安全治理体系。

（2）我国在国际粮食安全合作中积极发挥大国作用，推动多边合作机制不断完善。我国是联合国粮农组织、世界粮食计划署等国际组织的重要成员，积极参与这些组织开展的粮食安全合作项目，为全球粮食安全治理贡献中国智慧和中国方案。[①] 同时，我国还倡导建立多边粮食安全合作平台，推动各国在粮食安全领域加强政策沟通、技术交流、资源共享等方面的合作，共同应对全球粮食安全挑战。

（3）我国还通过援助项目、技术培训等方式，帮助发展中国家

---

① 徐刚. 国际粮食安全态势与中国应对 [J]. 国家安全研究，2023（3）：91–117，161.

提高粮食安全保障能力。我国向一些粮食生产落后、粮食安全形势严峻的国家提供了农业技术援助、粮食生产设备等支持，帮助他们提高粮食自给率，减少对外依赖。[①] 同时，我国还积极开展粮食安全培训项目，为发展中国家培养了一批粮食安全保障领域的专业人才，为他们的粮食安全事业注入了新的活力。

⑩ 县级以上人民政府负责粮食安全保障工作的主要责任部门有哪些？

《粮食安全保障法》第三条规定：县级以上人民政府发展改革、自然资源、农业农村、粮食和储备等主管部门依照本法和规定的职责，协同配合，做好粮食安全保障工作。这些主要部门及其主要职责如下：

（1）发展改革部门。发展改革部门在粮食安全保障中的角色主要体现在宏观经济管理和政策制定上。该部门负责制定经济发展战略和政策，其中包括粮食产业的发展方向和优先序。发展改革部门通过调整和优化产业结构，提高粮食产业的整体竞争力和可持续发展能力。

（2）自然资源部门。自然资源部门在粮食安全保障中的职责主要体现在组织实施最严格的耕地保护制度；牵头拟定并实施耕地保护政策，负责耕地数量、质量、生态保护；组织实施耕地保护责任目标考核和永久基本农田特殊保护；完善耕地占补平衡制度，监督占用耕地补偿制度执行情况等。

（3）农业农村部门。农业农村部门是粮食安全保障的核心部门之一，负责制定和执行农业发展计划、粮食生产计划，以及提高农业生产效率和粮食作物产量的相关政策。该部门还负责监测和管理

---

① 刘宇，张硕，梁栋．新形势下我国粮食供应安全面临风险与政策建议［J］．粮油食品科技，2023，31（4）：10－17.

粮食生产基地，确保耕地质量和粮食生产条件。通过推广先进的农业技术和种植方法，努力提高粮食作物的单产和总产，从而保障国家粮食安全。

（4）粮食和储备部门。《粮食流通管理条例》第七条规定：县级以上地方人民政府粮食和储备行政管理部门负责本地区粮食流通的行政管理、行业指导。该部门负责监测粮食市场供求变化并预警，承担粮食流通宏观调控的具体工作，负责粮食流通、加工行业安全生产工作的监督管理，负责对政府储备、企业储备以及储备政策落实情况进行监督检查，负责粮食流通行业管理。

（5）财政部门。财政部门在粮食安全保障中的职责包括提供粮食生产和流通所需的财政支持。这包括对农业生产的直接补贴、对农业基础设施建设的资金投入，以及对粮食储备和应急管理活动的财政保障。

⓫ 县级以上人民政府应当如何做好粮食安全保障的规划工作？

县级以上人民政府应当将粮食安全保障纳入国民经济和社会发展规划。县级以上人民政府有关部门应当根据粮食安全保障目标、任务等，编制粮食安全保障相关专项规划，按照程序批准后实施。包括两个方面的要求：①县级以上人民政府编制的国民经济和社会发展规划应当包括粮食安全保障内容；②县级以上人民政府应当编制粮食安全中长期规划、粮食安全保障五年规划等专项规划。

⓬ 国家如何建立健全粮食安全保障投入机制？

国家建立健全粮食安全保障投入机制可以从如下几个方面着手：①采取财政、金融等支持政策加强粮食安全保障，完善粮食生产、收购、存储、运输、加工、销售协同保障机制；②建设国家粮食安全产业带，调动粮食生产者和地方人民政府保护耕地、种粮、做好粮食安全保障工作的积极性；③全面推进乡村振兴，促进粮食产业高质量发展，增强国家粮食安全保障能力。

⑬ 国家引导社会资本在粮食产业的哪些领域进行投资？

粮食产业作为国家的经济支柱和民生基础，其稳定与发展对于国家的整体发展具有至关重要的作用。在粮食安全保障工作中，单纯依靠政府财政投入是远远不够的，必须广泛吸引社会资本，形成多元化的投入机制。[①]

在粮食生产领域，社会资本可投入粮食生产的基础设施建设、农业科技创新、农业人才培养等方面，提高粮食生产的效率和质量。例如，社会资本可以参与高标准农田建设、农业机械化推广、节水灌溉技术研发应用等项目，从而推动粮食生产的现代化和智能化。

在粮食储备与物流领域，社会资本可参与粮食仓储设施的建设和改造，提高粮食储备能力；同时，也可投入粮食物流体系的建设，优化粮食流通网络，降低粮食流通成本，确保粮食供应的及时性和稳定性。

在粮食深加工与副产品利用领域，社会资本可以投入粮食精深加工和综合利用，提高粮食产品的多样性和附加值。此外，社会资本还可以关注粮食加工过程中产生的副产品，如稻壳、麦麸等，对其进行综合利用，变废为宝，促进循环经济的发展。

在粮食市场与信息化建设领域，社会资本既可以参与粮食市场的建设和运营，推动粮食市场的规范化、透明化和高效化；同时，

---

① 齐勇锋，宋文君. 社会资本加速进军文化产业［J］. 时事报告，2014（5）：21-22.

也可以投入粮食信息化建设，利用现代信息技术手段，提高粮食产业的信息化水平，促进粮食生产与市场的对接。

在粮食产业金融服务领域，社会资本可以参与粮食产业金融服务体系的建设，为粮食企业提供融资支持、风险管理等服务。通过发展粮食产业金融，可以缓解粮食企业融资难、融资贵的问题，推动粮食产业的健康发展。

▌▌案例1 湖南省汨罗市：引进社会资本 整出高标准农田最大效益①

高丰村按照"农户自愿、村级组织、合作社运营"的思路，推动整村土地有效流转，建设高标准农田，全力促进农业增效、农民增收。

小田变大田，耕地改造提质。为了连片建设、统一规划，高丰村通过召开党员会、组长会、屋场"夜会"等形式，将各家各户分散耕种的"巴掌田""斗笠田"，整村整组连片流转给大户，合并改造整理成大田，起伏的丘陵地带、斜坡地块变成了方方正正的田地，做到"田成方、路相通、渠相连、涝能排、旱能灌"。改造过程中，挖除大量的田埂土垄，整合耕地周边的"边角料"，全村增加良田322亩*。同时，通过保留耕作层、深翻整地、种植绿肥、测土配方施肥、撒石灰等方法，改善土壤结构与养分状况，提高有机质含量，有效提升了耕地地力。

租金变资金，农田建设提标。为了解决高标准农田建设"钱从哪里来"这道必答题，高丰村一方面通过群众自己议、自己定的办法，决定暂免五年租金，交由合作社建设高标准农田；另一方面，引导企业、乡友、新型农业经营主体等社会资本投资，鼓

---

① 朱平波. 引进社会资本 整出高标准农田最大效益［J］. 农村工作通讯，2022（17）：53-54.

* 1亩＝1/15公顷。

励能人黄吉光先期垫资投入600万元，组织合作社等牵头改造全村农田。

低产变丰产，土地流转提速。实施农田高标准改造后，种植大户和合作社实行规模种植，大面积开展机械化作业，统一耕作播种，统一灌溉施肥，统一田间管理，既降低了成本，又增加了产量。群众种粮热情高涨，土地有效流转速度加快，双季稻、优质稻种植规模逐步扩大，粮食产能不断提升。

参与投资建设的600多万元社会资本，由种植大户通过支付租金逐年返还给出资人，预计五年后收回投资成本，可以实现一定的经济效益。众多乡村能人看到投资家乡建设的多重效益后，从过去的比排场、比阔气，变为现在的比贡献、比情怀，从而带动更多社会力量参与美丽乡村创建、设施农业建设、产业基地打造，形成了振兴动能更强、发展活力更足的新格局。

⑭ 为粮食生产、储备、流通、加工等提供支持的金融产品和服务有哪些？

为粮食生产、储备、流通、加工等提供支持的金融产品和服务主要有①：①"收粮贷""农业机械贷"等乡村振兴系列贷款产品。②覆盖小麦水稻种植、农资购买、农机服务等各生产环节的融资服务。③政府储备调控贷款。用于解决借款人执行国家和地方政府储备和调控等政策性收储任务的资金需要。④农产品购销储贷款。除执行国家粮棉油调控政策和战略物资储备计划以外，中国农业发展银行支持粮棉油收购、调销，以及其他重要涉农产品专项储备等，促进粮棉油及其他重要涉农产品流通和产销衔接，而发放的贷款。

---

① 张华君，杜成立，等．鱼台金融全力服务粮食产业链，稳产保价增收［EB/OL］．齐鲁晚报，2023－12－28.

⑤产业化龙头企业贷款。贷款主要用于解决借款人在农、林、牧、渔等领域的生产、加工、流通全产业链生产经营和农业农村一二三产业融合发展，以及农业社会化服务等方面的流动资金和固定资产投资需求。⑥粮油购销流动资金贷款。贷款用于解决借款人购买粮食（油料、油脂）原料、成品粮油、原辅料和其他日常粮油流动资金需求。⑦农村土地流转和土地规模经营贷款。贷款用于解决借款人促进农村土地资源要素有序流动和国土资源节约集约永续高效利用、推进农业供给侧结构性改革和农业农村高质量发展、深化农村土地制度和集体产权制度改革等与实施乡村振兴战略密切相关且符合农发行业务范围的资金需求。⑧农业科技贷款。流动资金贷款主要用于解决借款人在实施农业农村科技创新、成果转化、示范推广和集成应用等活动中的流动资金需求；固定资产贷款主要用于解决借款人在实施农业农村科技创新、成果转化、示范推广或集成应用等活动时新建、扩建、改造、开发、购置固定资产投资项目以及各类农业科技创新基地（平台建设）、示范推广及配套工程等方面的资金需求。

⑮ 政策性农业保险与商业性农业保险的主要区别在哪里？

农业保险类别的划分依照政府扶持政策标准可分为两种：政策性农业保险、商业性农业保险。两者根本不同之处在于是否将营利作为主要目的。商业性农业保险是结合现阶段市场情况和条件提供农业保险服务和对应项目，这期间如果市场条件发生变化，那么其经营目标也会随之改变。但是，政策性农业保险是根据国家或地区的政策设计保险项目与服务内容，最重要的是不以营利为主要目的。农民收入普遍较低，农村经济发展落后且失衡，致使大部分农民无力投保。纵观各国的农业保险业务发现，实行商业模式的农业保险经营困难。许多国家根据自身情况，将财政手段与市场机制相对接，实行政策性农业保险，在保证农业生产的基础上，推动农业经济稳步前进。①

16. 现行的政策性农业保险有哪些？

政策性农业保险是指由各级政府提供保费补贴的农业保险。② 主要特点是中央或地方政府对农业保险的经营管理费用及纯保费给予大量补贴，投保农民只需交部分保险费用。一般讲，农民从农业保险中所得到的赔款收入

大于他们所交付的费用支出，即从农险中得到了政府的净收入转移。因此，这种经营模式实质上是灾害救济与保险机制的结合，又可称为灾害救济性农业保险。该模式作为政府保护农民收入的一项重要政策，多由政府机构或政府指定的公司经营。

政策性农业保险是以保险公司市场化经营为依托，政府通过保费补贴等政策扶持，对种植业、养殖业因遭受自然灾害和意外事故造成的经济损失提供的直接物化成本保险。政策性农业保险将财政手段与市场机制相对接，可以创新政府救灾方式，提高财政资金使用效益，分散农业风险，促进农民收入可持续增长。③

---

① 扬溪镇人民政府 . 政策性农业保险主要特点 [EB/OL]. 2022 - 01 - 05.
② 《关于加强政策性农业保险承保机构遴选管理工作的通知》（财金〔2020〕128 号）.
③ 孙访竹 . 发展我国政策性农业保险的问题及对策微探 [J]. 商业现代化，2012 (6)：171.

政策性农业保险险种主要包括①②：种植业保险、养殖业保险、渔业保险和经济农作物保险和农机具保险。其中，种植业保险主要包括小麦、玉米、水稻等保险，以保障种植业的稳定生产；养殖业保险重点在生猪保险，还有能繁母猪保险、奶牛保险、育肥猪保险等，以保障养殖业的稳定生产；渔业保险为水产养殖业提供保障；经济农作物保险包括油料作物等保险，以满足不同农作物的风险保障需求。

17. 商业性农业保险业务有哪些？

商业性农业保险为"保险公司与农业生产经营者直接签订商业保险合同，以商业盈利为目的的农业保险"③。

商业性农业保险主要包含的业务有④⑤：①种植业。指以农作物及林木为保险标的，对在生产过程中发生约定的灾害事故造成的经济损失承担赔偿责任的保险。②养殖业。指以饲养的畜、禽和水生动物等为保险标的，对在养殖过程中发生约定的灾害事故造成的经济损失承担赔偿责任的保险。③林业。公益林保险，保险责任为在保险期限内，因火灾、涝灾、风灾、雹灾、冻灾、森林重大病虫害造成被保险林木死亡、流失、掩埋、主干折断或倒伏的直接经济损失。商品林保险，保险责任为在保险期限内，因火灾、涝灾、风

---

① 陕西省农业农村厅. 农业生产领域政策性保险相关政策解读［EB/OL］. 2023 - 12 - 19.

② 国务院办公厅. 开展政策性农业保险试点［EB/OL］. 中央政府门户网站，2007 - 03 - 19.

③ 《关于印发〈农业保险统计制度〉的通知》（保监发〔2007〕111号）.

④ 《农业保险条例》（2012年11月12日中华人民共和国国务院令第629号公布 根据2016年2月6日《国务院关于修改部分行政法规的决定》修订）

⑤ 王文正. 今年以来，完全成本保险和种植收入保险持续扩围：农业保险为农民撑起防护网［N］. 人民日报海外版，2022 - 06 - 21（11）.

灾、雹灾、冻灾、森林重大病虫害造成的损失。④其他涉农保险险种。主要包含渔船保险、农房保险和农机保险。

⑱ 粮食安全科技创新能力包括哪些方面？

粮食安全科技创新能力是指在粮食生产、加工、储存、运输和消费等方面，运用科学技术手段不断提升和改进，以保障粮食供应的充足、质量的安全、生产的可持续性。这种创新能力包括以下几个方面①②③：①种植技术创新。包括改良种子培育、粮食作物耐逆性培育、遗传改良技术、高效施肥技术、精准农业技术等。这些技术能够提高粮食作物的产量、抗逆性和品质，增强农作物对环境变化的适应能力，从而稳定粮食生产。②智慧农业技术。包括物联网、大数据、人工智能等技术在农业领域的应用。通过传感器监测土壤湿度、气温、作物生长情况等数据，利用大数据分析和人工智能算法进行精准农业管理，实现农业生产的智能化、精准化，提高生产效率和质量。③病虫害防控技术创新。包括生物防治、化学防治、物理防治等多种手段的综合应用。通过研发新型农药、推广生物防治技术、提高监测预警能力等方式，减少病虫害对粮食生产的损害，保障粮食产量和品质。④粮食加工技术创新。包括粮食加工工艺的改进、食品添加剂的开发、食品安全检测技术的提升等。通过引入先进的加工设备和工艺，提高粮食加工效率和产品品质，增加附加值，满足消费者对食品安全和营养的需求。⑤粮食储藏技术创新。包括粮食储藏设施的改进、粮食保鲜技术的研发、储粮管理

---

① 王璐丹. 河北：强化科技创新能力筑牢粮食安全根基［N］. 河北日报，2022-09-01.

② 黄季焜. 深化农业科技体系改革提高农业科技创新能力［J］. 农业经济与管理，2013（2）：5-8.

③ 申东. 鼓励支持粮食仓储科技创新和推广应用［N］. 法治日报，2023-10-22（7）.

系统的建设等。通过控制储粮环境、采用气调储存技术、开发新型保鲜剂等手段，延长粮食货架期，减少粮食储藏过程中的损耗和质量变化。⑥农产品质量安全检测技术创新。包括快速检测技术、无损检测技术、追溯系统建设等。通过研发新型检测仪器、建立追溯体系、加强监督管理等措施，确保粮食产品的质量安全，提高消费者对粮食产品的信任度。⑦粮食流通和物流管理技术创新。包括冷链物流技术、智能仓储管理系统、物流信息化平台等。通过优化物流通道、提升运输效率、降低物流成本，保障粮食流通的畅通和安全，提高粮食供应的及时性和可靠性。⑧农业废弃物资源化利用技术创新。包括农业废弃物资源化利用技术、生物质能源技术等。通过开发农业废弃物资源化利用技术，实现农业废弃物的资源化、能源化利用，减少农业废弃物对环境的污染，提高资源利用效率。

⑲ 粮食安全宣传教育主要有哪些形式？

粮食安全宣传教育是指以习近平新时代中国特色社会主义思想为指导，组织开展粮食安全宣传报道，准确传递政策导向，着力稳定社会预期，为做好粮食安全保障工作营造良好舆论环境。全面深入宣传爱粮节粮举措和价值观念，宣传粮食生产、收购、储存、加工、消费全链条节约减损的有效做法，组织开展粮食节约、营养健康科普宣传，积极倡导爱粮节粮的社会风尚。① 主要是为了确保公众理解粮食的生产、分配、消费等各个环节的重要性，以及认识到个人和社会在维护粮食安全方面的责任。通过提高公众意识，可以促进更加负责任的消费行为，支持可持续的农业实

---

① 《国家粮食和物资储备局 农业农村部 教育部 科技部 国家国际发展合作署全国妇联关于做好 2022 年世界粮食日和全国粮食安全宣传周活动的通知》（国粮发〔2022〕164 号）。

践，从而有助于减少食物浪费、改善食物分配不均等问题，确保长期的粮食安全。

粮食安全宣传教育形式主要包括[1][2]：①利用公共媒体与数字平台、社交媒体活动、教育体系融入、社区与农村教育等方式。这些方法不仅覆盖了广泛的受众群体，也促进了粮食安全知识的有效传播。②增加互动性和体验性，强化跨文化交流，利用科技手段提升宣传效果，采用创新手段吸引年轻人参与，以及强化学校教育在粮食安全宣传中的作用。③建立粮食安全教育基地，在农业科技园区、农业大学等地建立粮食安全教育基地，为公众提供实地学习和体验的机会。

20. 对在国家粮食安全保障工作中作出突出贡献的单位和个人可以按照国家哪些规定给予表彰和奖励？

对在国家粮食安全保障工作中作出突出贡献的单位和个人可以按照如下相关规定给予表彰和奖励：

（1）根据《农业法》第八条的规定，全社会应当高度重视农业，支持农业发展。国家对发展农业和农村经济有显著成绩的单位和个人，给予奖励。

（2）《中央储备粮管理条例》对加强中央储备粮管理，保证中央储备粮数量真实、质量良好和储存安全，保护农民利益，维护粮食市场稳定，有效发挥中央储备粮在国家宏观调控中的作用进行了规定。虽然该条例并未直接规定对在粮食安全保障工作中作出突出贡献的单位和个人的表彰和奖励措施，但其强调的粮食安全保障的重要性和对粮食管理工作的严格要求，间接体现了对在粮食安全保

---

① 李延东. 富世康粮食安全宣传教育基地［J］. 中国粮食经济，2023（5）：78.
② 葛俊俊，轩召强. 保障粮食安全，上海市2023世界粮食日和全国粮食安全宣传周启动［EB/OL］. 人民网，2023-10-16.

障工作中作出成绩的单位和个人的认可和鼓励。

（3）根据《中华人民共和国科学技术进步法》第十八条，国家建立和完善科学技术奖励制度，设立国家最高科学技术奖等奖项，对在科学技术进步活动中作出重要贡献的组织和个人给予奖励。

（4）根据《粮食安全保障法》第九条，对在国家粮食安全保障工作中作出突出贡献的单位和个人，按照国家有关规定给予表彰和奖励。

（5）《粮食和物资储备标准化工作管理办法》第三十六条和第三十七条进一步细化了对粮食和物资储备领域标准化工作的奖励措施。根据这些规定，粮食和物资储备标准及相关研究成果将被纳入专业技术职称任职资格评审条件。对于标准化工作突出的单位和个人，还将纳入粮食和物资储备表彰范围，直接给予他们表彰和荣誉。

21.《粮食安全保障法》调整了哪些与粮食安全保障有关的行为？

《粮食安全保障法》调整了以下与粮食安全保障有关的行为：①耕地保护行为；②粮食生产行为；③粮食储备行为；④粮食流通行为；⑤粮食加工行为；⑥粮食应急行为；⑦粮食节约行为；⑧粮食安全保障过程中的监督行为。

22. 我国公民或社会组织在粮食安全保障方面有哪些权利和义务？

我国公民或社会组织在粮食安全保障方面的主要权利包括：

（1）耕地安全保障方面。国家实行占用耕地补偿制度，确需占用耕地的，应当依法落实补充耕地责任，相关个人或社会组织有权利得到与所占用耕地数量相等质量相当的耕地。

25

（2）粮食生产安全保障方面。粮食生产者应当享受到农业支持保护制度，应当享受到省级以上人民政府支持农业所带来的福利。

（3）粮食流通安全保障方面。①粮食经营者的合法权益应当得到保护。②保障市场的供应同时保护粮食生产者利益。

（4）粮食应急安全保障方面。个人因在执行粮食安全应急处置措施造成损失的，应当由县级以上人民政府按照规定予以公平、合理补偿。

我国公民或社会组织在粮食安全保障方面的主要义务包括：

（1）耕地保护方面。个人应当自觉遵守耕地种植用途管控，不违规占用耕地，优化种植结构，积极推进轮作休耕与农作物秸秆科学还田。

（2）粮食生产安全保障方面。①从业者应当维护种业安全。②个人应当配合政府开展水土流失综合治理、土壤污染防治和地下水超采治理。③粮食生产者应该做好粮食作物病虫害相关的防治工作，并积极配合政府相关部门开展的病虫害防治工作。

（3）粮食储备安全保障方面。从事粮食储备相关工作的人员应当遵守法律、法规和国家有关规定，应当保证政府粮食储备账实相符、账账相符，不得虚报、瞒报政府粮食储备数量、质量、品种。

（4）粮食流通安全保障方面。①粮食经营者公平参与市场竞争。②个人不得侵占、损毁、擅自拆除或者迁移政府投资建设的粮食流通基础设施，不得擅自改变政府投资的粮食流通基础设施的用途。③从事粮食收购、储存、加工、销售的经营者以及饲料、工业用粮企业，应当按照规定建立粮食经营台账，并向所在地的县级人民政府粮食和储备主管部门报送粮食购进、存储、销售等基本数据和相关情况。

（5）粮食加工安全保障方面。粮食加工经营者应当执行国家有关标准，不得掺杂使假、以次充好，对其加工的粮食质量安全负责，接受监督。

（6）粮食应急安全保障方面。出现粮食应急状态时，有关单位和个人应当服从县级以上人民政府的统一指挥和调度，配合采取应急处置措施，协助维护粮食市场秩序。

（7）粮食节约安全保障方面。①粮食生产者应当加强粮食作物生长期保护和生产作业管理，减少播种、田间管理、收获等环节的粮食损失和浪费，禁止故意毁坏在耕地上种植的粮食作物青苗。②公民个人和家庭应当树立文明、健康、理性、绿色的消费理念，培养形成科学健康、物尽其用、杜绝浪费的良好习惯。③粮食食品生产经营者应当依照有关法律、法规的规定，建立健全生产、储存、运输、加工等管理制度，引导消费者合理消费，防止和减少粮食浪费。

（8）监督管理保障方面。①任何单位和个人不得编造、散布虚假的粮食安全信息。②有关单位和人员在县级以上人民政府有关部门依照职责开展粮食安全监督检查时应积极配合并让有关单位和人员了解相关情况。

（9）法律责任保障方面。违反有关土地管理、耕地保护、种子、农产品质量安全、食品安全、反食品浪费、安全生产等法律、行政法规的个人和组织，依照相关法律、行政法规的规定处理、处罚。

第二章　耕地是粮食生产的命根子

23 什么是国土空间用途管制？

2017 年 10 月，党的十九大报告提出"统筹山水林田湖草系统治理"，进一步通过国土空间用途管制，建设美丽中国。这是中央首次明确要求统一行使国土空间用途管制，自然生态空间系统化的用途管制制度逐渐建立。

2018 年 12 月，中共中央、国务院出台的《关于统一规划体系更好发挥国家发展规划战略导向作用的意见》[①] 提出"国家级空间规划以空间治理和空间结构优化为主要内容，是实施国土空间用途管制和生态保护修复的重要依据"。至此，国土空间用途管制的机构、依据、权责等内容基本明确。

2019 年 8 月，经过第三次修正的《土地管理法》[②] 第十八条明确规定：国家建立国土空间规划体系。科学有序统筹安排生态、农业、城镇等功能空间，优化国土空间结构和布局，提升国土空间开发、保护的质量和效率。经依法批准的国土空间规划是各类开发、保护、建设活动的基本依据。可见，国土空间用途管制已成为国家推进空间治理体系和治理能力现代化的一项基本制度，对促进国家可持续发展具有重大意义。

---

① 《中共中央　国务院关于统一规划体系更好发挥国家发展规划战略导向作用的意见》（中发〔2018〕44 号）。

② 《中华人民共和国土地管理法》（中华人民共和国主席令〔2019〕第三十二号）。

国土空间用途管制源于土地用途管制，涉及规划、实施、监督三项核心职责。基本内涵是：按照可持续发展的要求和不同层级公共管理目标，划分不同尺度的空间区域，制定各空间区域的用途管制规则或正负面清单，通过用途变更许可或正负面清单等配套政策，使国土空间开发利用者严格按照国家规定的用途开发利用国土空间的制度。具体包括：①国土空间开发许可，即通过对国土空间开发利用活动进行事先审查，对不符合用途管制要求的活动不予批准，把国土空间开发利用活动严格控制在国家规定的范围内；②国土空间用途变更审批，即通过明确条件、程序和要求，对国土空间用途变更实行严格管控，保证国土空间用途变更的严肃性和科学性，切实改变国土空间开发利用中挤占优质耕地或生态空间的情况；③国土空间开发利用监管，即重点关注开发利用活动的合法合规性和对生态环境的影响，旨在通过加大监管和违法处罚力度，减少开发建设、矿产开采、农业开垦等对生态环境的损害，保证国土空间可持续利用。

24 与传统土地用途管制相比，国土空间用途管制最主要功能表现在哪些方面？

与传统土地用途管制相比，国土空间用途管制在三个方面具有更强的功能：①具有更强的整体性和全域性的功能。就是指国土空间用途管制要做到区域全覆盖，不仅要管控农用地和建设用地，还要管控海洋以及河流、湖泊、荒漠等自然生态空间。②具有更强的空间管控功能。它不仅指一般意义上的地下、地表和地上的立体空间，更指由土地、水、地形、地质、生物等自然要素以及建筑物、工程设施、经济及文化基础等人文要素构成的地域功能空间。③具有更强的空间治理功能。国土空间用途管制以空间治理体系和治理能力现代化为目标导向，更强调将山水林田湖草海作为生命共同体的功能。它要求以可持续发展为价值取向，不断推进国土空间用途管制的治理结构和治理模式创新，理顺空间、要素与功能之间的逻辑关系，实现政府—市场—社会的联动，国土空间规划—国土空间用途管制—资源总量管控的联动，建构底线约束与激励引导相结合的新机制，切实推进空间开发利用更有序、更有效和更高品质。

㉕ 耕地和永久基本农田的划分标准是什么？

党的十八大以来，中央多次对耕地保护工作作出重要指示批示，从"像保护大熊猫那样保护耕地"到"采取'长牙齿'的硬措施，坚决遏制耕地'非农化'、基本农田'非粮化'"，从"绝不能占用耕地和违背自然规律去搞造林绿化"到"逐步把永久基本农田全部建成高标准农田"。

根据《国土空间调查、规划、用途管制用地用海分类指南》①和《土地利用现状分类》（GB/T 21010—2017），耕地指利用地表耕作层种植粮、棉、油、糖、蔬菜、饲草饲料等农作物为主，每年可以种植一季以上的土地，包括熟地，新开发、复垦、整理地，休闲地，以及间有零星果树、桑树或其他树木的耕地；包括南方宽度＜1米，北方宽度＜2米固定的沟、渠、路和地坎；包括直接利用地表耕作层种植的温室、大棚、地膜等保温、保湿设施用地。耕地可以分成水田、水浇地和旱地。水田指用于种植水稻、莲藕等水生农作物的耕地，包括实行水生、旱生农作物轮种的耕地。水浇地指有水源保证和灌溉设施，在一般年景能正常灌溉，种植旱生农作物（含蔬菜）的耕地，包括种植蔬菜的非工厂化的大棚用地。旱地指无灌溉设施，主要靠天然降水种植旱生农作物的耕地，包括没有

---

① 《自然资源部关于印发〈国土空间调查、规划、用途管制用地用海分类指南〉的通知》（自然资发〔2023〕234 号）。

灌溉设施，仅靠引洪淤灌的耕地。

根据《基本农田保护条例》规定，基本农田是按照一定时期人口和社会经济发展对农产品的需求，依据土地利用总体规划确定的不得占用的耕地。从 2008 年中共十七届三中全会提出"永久基本农田"的概念，"永久基本农田"即无论什么情况下都不能改变其用途，不得以任何方式挪作他用的基本农田，到 2020 年起实施的新《土地管理法》中，基本农田前面加上"永久"二字，体现了国家对永久基本农田保护的重视。

永久基本农田的特征包括：①永久基本农田有一定的时间性。它由长期不得占用的耕地和规划期内不得占用的耕地组成。所谓长期不得占用的耕地，老百姓称之为"吃饭田""保命田""永久性耕地"。为了保障人们生存需要，这部分耕地是不能占用的。所谓规划期内不得占用的耕地，是指土地利用总体规划和永久基本农田保护区规划中规划为在一个阶段内必须保持相对稳定的耕地。②永久基本农田是根据人口和国民经济对农产品的需求和对建设用地的预测而确定的。永久基本农田一般都应划入永久基本农田保护区，也就是说，划入永久基本农田保护区内的耕地都称为永久基本农田。

耕地与永久基本农田的主要区别在于：耕地的概念比永久基本农田的概念要大，永久基本农田只是耕地中的一部分，而且主要是高产优质的那部分耕地，并不是所有的耕地都是永久基本农田。一般而言，只有那些划入永久基本农田保护区内的耕地，才视为永久基本农田。

26. 什么是耕地保护补偿制度？

《中华人民共和国土地管理法实施条例》（以下简称《土地管理法实施条例》）① 第十二条规定：国家对耕地实行特殊保护，严守

---

① 《中华人民共和国土地管理法实施条例》（中华人民共和国国务院令第 743 号）。

耕地保护红线，严格控制耕地转为林地、草地、园地等其他农用地，并建立耕地保护补偿制度，具体办法和耕地保护补偿实施步骤由国务院自然资源主管部门会同有关部门规定。

耕地保护补偿制度是指为了保护和维护耕地资源，保障粮食安全，对农民或土地经营者实行的一种经济补偿政策。在全球资源日益紧张的背景下，耕地作为粮食生产的重要基础资源之一，其保护显得尤为重要。耕地保护补偿制度旨在通过一系列政策措施，激励农民和土地经营者积极参与土地保护、合理利用土地资源，从而实现生态、经济和社会效益的均衡发展。主要包括：

（1）耕地保护补偿制度的核心在于经济激励。政府通过给予农民或土地经营者一定的补偿金或其他形式的经济回报，鼓励其保护耕地、科学耕作、轮作休耕、合理利用土地资源，避免盲目扩大非农建设、乱占耕地等行为，从而保障耕地面积和质量的稳定。

（2）耕地保护补偿制度强调了政府与农民之间的合作机制。政府部门应该与农民建立起有效的沟通和协商机制，制定出符合实际情况的保护政策，并且在政策实施过程中积极倾听农民的意见和建议，保证政策的科学性和可行性。

（3）耕地保护补偿制度需要建立健全的监管体系。政府应当建立起严格的监督检查机制，确保耕地保护补偿资金使用的透明、规范和合法，防止出现贪污腐败等问题，保障补偿资金真正用于耕地保护和农业生产发展。再者，耕地保护补偿制度应当与生态补偿相结合。除了保护耕地本身，还需要关注耕地周边的生态环境，采取相应的措施进行保护和修复，使得耕地生产环境更好，保障粮食生产的持续性和稳定性。

（4）耕地保护补偿制度的实施需要注重长期性和可持续性。这不仅需要政府制定出长期的政策规划，更需要农民和土地经营者树立正确的生态观念和资源利用观念，从根本上保护好耕地资源，确保其可持续利用。

总之，耕地保护补偿制度是一项综合性的政策措施，旨在保护耕地资源、促进农业生产发展、维护粮食安全和生态平衡。只有政府、农民和社会各方共同努力，才能够有效地实施耕地保护补偿制度，保障耕地资源的长期稳定利用。

㉗ 什么是占用耕地补偿制度？

占用耕地补偿制度是指在城市化、工业化进程中，对占用耕地进行补偿的制度，基本原理是"占多少、补多少"。通过对占用的耕地进行补偿，保证了农业用地的总量不变，从而维护了国家的粮食安全和农村经济的稳定发展。

根据《土地管理法》第三十条，国家保护耕地，严格控制耕地转为非耕地。国家实行占用耕地补偿制度。非农业建设经批准占用耕地的，按照"占多少，垦多少"的原则，由占用耕地的单位负责开垦与所占用耕地的数量和质量相当的耕地；没有条件开垦或者开垦的耕地不符合要求的，应当按照省、自治区、直辖市的规定缴纳耕地开垦费，专款用于开垦新的耕地。省、自治区、直辖市人民政府应当制定开垦耕地计划，监督占用耕地的单位按照计划开垦耕地或者按照计划组织开垦耕地，并进行验收。

根据《土地管理法实施条例》第十二条，非农业建设必须节约使用土地，可以利用荒地的，不得占用耕地；可以利用劣地的，不得占用好地。禁止占用耕地建窑、建坟或者擅自在耕地上建房、挖砂、采石、采矿、取土等。禁止占用永久基本农田发展林果业和挖塘养鱼。

我国占用耕地补偿制度经历了从无到有、从有到细、从细到精的过程，主要内容可以概括为："占一还一"的数量平衡、占用耕地与补充耕地质量平衡、缴纳耕地开垦费代替补充耕地、先补后占、禁止跨省域占补平衡、等级折算和以质抵量、土地开发整理复垦、耕地占补平衡和建设用地指标市场化交易、异地补充耕地等。其中，城乡建设用地增减挂钩是耕地占补平衡的延伸，属于耕地占补平衡的另一种方式。

28 违规占用耕地有哪些行为？

针对耕地特别是永久基本农田"非农化""非粮化"的情况，2020年9月国务院办公厅印发《关于坚决制止耕地"非农化"行为的通知》[①]，列明六种严格禁止的占用耕地的行为：

（1）严禁违规占用耕地绿化造林。禁止占用永久基本农田种植苗木、草皮等用于绿化装饰以及其他破坏耕作层的植物。

（2）严禁超标准建设绿色通道。铁路、公路道路沿线是耕地的，两侧用地范围以外绿化带宽度不得超过5米，其中县乡道路不得超过3米。不得违规在河渠两侧、水库周边占用耕地及永久基本农田超标准建设绿色通道。禁止以城乡绿化建设等名义违法违规占用耕地。

（3）严禁违规占用耕地挖湖造景。禁止以河流、湿地、湖泊治理为名，擅自占用耕地及永久基本农田挖田造湖、挖湖造景。不准在城市建设中违规占用耕地建设人造湿地公园、人造水利景观。

（4）严禁占用永久基本农田扩大自然保护地。新建的自然保护地应当边界清楚，不准占用永久基本农田。自然保护地以外的永久基本农田和集中连片耕地，不得划入生态保护红线。

（5）严禁违规占用耕地从事非农建设。不得违反规划搞非农建设、乱占耕地建房等。巩固"大棚房"问题清理整治成果，强化农业设施用地监管。

---

① 《国务院办公厅关于坚决制止耕地"非农化"行为的通知》（国办发明电〔2020〕24号）。

（6）严禁违法违规批地用地。凡不符合国土空间规划以及不符合土地管理法律法规和国家产业政策的建设项目，不予批准用地。各地区不得通过擅自调整县乡国土空间规划规避占用永久基本农田审批。各项建设用地必须按照法定权限和程序报批，按照批准的用途、位置、标准使用，严禁未批先用、批少占多、批甲占乙。严格临时用地管理，不得超过规定时限长期使用。对各类未经批准或不符合规定的建设项目、临时用地等占用耕地及永久基本农田的，依法依规严肃处理，责令限期恢复原种植条件。

㉙ 退耕还林还草计划是由国家哪些部门制定和实施的？

退耕还林还草计划是由国家林草局、国家发展改革委、财政部、农业农村部等相关部门共同制定和实施的。国家林草局是主要的管理执行机构，负责制定计划的具体实施方案、统筹协调各项工作，并对各地的工作开展进行指导和监督。同时，地方政府的林业、农业等相关部门也承担着重要的责任，负责具体的实施和管理工作，确保计划的顺利推进和效果的实现。

退耕还林还草计划的实施涉及多个部门的协同配合，需要政府各级部门、农民以及社会各界的共同努力，才能够取得良好的效果，为促进中国生态文明建设和可持续发展作出积极贡献。

㉚ 退耕还林还草计划的具体内容包括哪些？

退耕还林还草计划是草原地区实施党中央提出的西部大开发战略部署的一个重要内容，也是保护生态环境、实现可持续发展和增加农牧民收入的一个战略方针。该计划主要内容包括通过减少农业用地、恢复退耕土地的自然生态功能，实施大规模的造林、植草工程，以达到恢复植被、改善生态环境的目的。

具体来说，退耕还林还草计划的主要内容包括：

（1）退耕。指政府根据国家生态保护和农业可持续发展的需要，通过政策引导，对一定范围内的耕地进行适度减少，将部分耕地转为林地或草地，实现退耕还林还草的目标。

（2）还林。指在退耕的耕地上进行大规模造林，包括种植乔木、灌木等各类树木，以恢复土地的植被覆盖，提高土地的生态效益，改善环境质量。

（3）还草。指在退耕的耕地上进行大规模草地恢复工程，通过种植各类天然草种或人工草种，建立草地植被，减少水土流失，改善土地的肥力和水分保持能力，提升土地的生态功能。

通过退耕还林还草计划，可以有效调整农业结构，减少过度开垦和过度放牧等不合理农业行为对生态环境造成的破坏，恢复和改善生态系统功能，提高土地的生产力和生态服务功能，推动农业可持续发展。

31. 有关耕地的种植用途有哪些规定？优先序是什么？

自然资源部、农业农村部、国家林业和草原局发布的《关于严格耕地用途管制有关问题的通知》① 明确指出：一般耕地"主要"（不是"只能"）用于粮食和棉、油、糖、蔬菜等农产品及饲草饲料生产；在不破坏耕地耕作层且不造成耕地地类改变的前提下，可以适度种植其他农作物。这意味着一般耕地在保障粮食生产的同时，也可以种植其他具有经济价值的作物，但必须确保不破坏耕作层，不影响土地的长期利用。

---

① 《自然资源部　农业农村部　国家林业和草原局关于严格耕地用途管制有关问题的通知》（自然资发〔2021〕166 号）。

《土地管理法实施条例》规定：耕地应当优先用于粮食和棉、油、糖、蔬菜等农产品生产。

2022 年中央 1 号文件指出：分类明确耕地用途，严格落实耕地利用优先序，耕地主要用于粮食和棉、油、糖、蔬菜等农产品及饲草饲料生产，永久基本农田重点用于粮食生产，高标准农田原则上全部用于粮食生产。

32 耕地质量和种植用途监测网络构建的目的是什么？

耕地质量和种植用途监测网络的构建旨在提升农业生产的科学性、高效性和可持续性，这一网络的建立能够为农业生产提供科学依据和精准指导，有助于优化土地资源配置和农业结构调整，从而提高农业生产效率和质量。该网络可以有效监测和评估耕地质量变化及其对种植用途的影响，为保障耕地质量和土壤生态环境提供有效保障。该网络的建立，还能够促进农业可持续发展，实现农业生产方式的转变，推动农业现代化进程，为粮食安全保障提供坚实的基础。具体而言：

（1）耕地质量和种植用途监测网络的构建有助于提升农业生产的科学性和高效性。现代农业生产不仅需要依靠传统的经验和技术，更需要科学的方法和技术支撑。建立耕地质量和种植用途监测网络，可以利用先进的遥感技术、地理信息系统等手段，对耕地质量和土壤属性进行全面、精准的监测和评估。这样的网络不仅能够提供准确的土地利用规划和种植方案，帮助农民选择适宜的作物种植，优化农业生产结构，提高农作物的产量和品质；还有助于及时响应农业生产中的各种问题和挑战，为农业生产提供科学依据和精准指导，提升农业生产的效益和竞争力。

（2）耕地质量和种植用途监测网络的构建能够有效监测和评估耕地质量变化及其对种植用途的影响。随着经济社会的发展和人口的增加，耕地资源受到了重大的压力和影响，土地资源的质量和数量都面临着严峻的挑战。建立耕地质量和种植用途监测网络，可以通过连续、系统的监测和评估，及时发现和分析耕地质量的变化趋势和规律，为耕地保护和质量提升提供科学依据和技术支持。与此同时，该网络还能够分析耕地质量对不同种植用途的适宜程度，为合理选择种植作物、优化种植结构提供科学依据，确保农业生产的可持续发展和土地资源的可持续利用。

（3）耕地质量和种植用途监测网络的构建可以促进农业可持续发展，推动农业现代化进程，为粮食安全保障提供坚实的基础。农业是国民经济的基础，也是粮食安全的重要保障。建立耕地质量和种植用途监测网络，可以为实现农业可持续发展和粮食安全提供技术支撑和政策保障。科学的土地利用规划和种植结构调整可以提高农作物的产量和品质，增强农业生产的抗风险能力和适应能力，有效应对气候变化和自然灾害等不利因素的影响，进而进一步推动农业现代化进程。提高农业生产的科技含量和智能化水平，能够提升农业生产的效率和竞争力，为实现粮食安全和乡村振兴提供坚实的基础和保障。

㉝ 什么是黑土地保护制度？

黑土地是一种肥沃的土壤类型，通常具有深厚的黑色腐殖质层，富含有机质和矿物质，是农业生产的重要基础。黑土地主要分布在我国的东北平原地区，对于保障国家粮食安全和农业可持续发展具有重要意义。黑土地保护制度是一个旨在保护和管理黑土地资源的综合性制度体系。2022 年 8 月 1 日起施行的《黑土地保护法》是为了保护黑土地资源、稳步恢复提升黑土地基础地力、促进资源可持续利用、维护生态平衡、保障国家粮食安全而制定的法律。《黑土地保护法》对黑土地的保护内容进行了全面而细致的规定，主要包括以下几个方面：

（1）耕地资源和地力保护。强调保护黑土地的耕地资源和地力，防止过度开发和滥用，确保黑土地的可持续利用。

（2）耕地生态环境保护。注重保护黑土地的生态环境，防止土壤污染和水源污染，维护生态系统的平衡和稳定。

（3）耕地粮食产能保护。旨在保护和提高黑土地的粮食产能，通过科学耕作和合理施肥，提升土壤肥力，确保粮食安全。

此外，法律还强调了黑土地保护中的多方权责共担原则，建立了政府主导、农民实施和多元参与的黑土地保护格局，并提出了长期财政投入保障机制，以确保黑土地保护工作的持续进行。

责任主体主要包括政府和相关部门。政府作为黑土地保护工作的主导者，负责制定黑土地保护的整体战略和规划，确保保护工作有明确的方向和目标，并出台相关政策，为黑土地保护提供法律保障。政府还应对黑土地的保护工作进行全面监督，确保各项保护措施得到有效执行，防止黑土地遭受破坏。农业农村、自然资源、生态环境等相关部门各司其职，分别负责黑土地保护的具体实施、资源调查监测以及生态环境监管，形成保护工作的合力。

义务主体则包括农业生产经营者、社会公众以及科研机构与专家。农业生产经营者作为直接利用黑土地的主体，肩负着合理利用和保护黑土地的重要责任，通过采取科学合理的耕作方式和保护措施，为提升黑土地质量和肥力贡献力量。同时，社会公众通过提高保护意识、参与保护活动等方式，积极为黑土地保护工作添砖加瓦。科研机构与专家则发挥专业优势，开展黑土地保护研究，为政府和相关部门提供科学决策支持和技术指导。

在《黑土地保护法》的指引下，政府、相关部门、农业生产经营者、社会公众以及科研机构与专家形成了全社会共同参与黑土地保护的格局，各方共同努力，有效保护黑土地资源，推动农业可持续发展。

案例2 检察机关依法保护黑土地①

基本案情： 某省黑土地面积占全国黑土地总面积的45.7%，享有"北大仓"的美誉。A市和B市地处黑土区核心区，均为全国产粮大县，蕴藏着丰富的泥炭土资源。泥炭土作为分布在黑土表层以下富含有机质的不可再生矿产资源，具有重要的战略意义和经济价值，被广泛应用于农业、工业等领域。

2019年3月，王某得知B市某乡某村有泥炭土资源后，从当地村民手中租用农用地采挖泥炭土，通过李某为其晾晒后出售，供买家制作有机肥原料，违法所得人民币200余万元。2020年1月，B市自然资源局依据《中华人民共和国矿产资源法》《中华人民共和国矿产资源法实施细则》的相关规定，责令王某停止非法开采，没收其违法所得，并处以人民币16万余元罚款。2021年1月，王某又伙同马某、许某、李某等人在A市某镇某村等地租用农用地，采挖泥炭土出售牟利。A市自然资源局掌握王某等人涉嫌犯罪线索后移送公安机关，公安机关以涉嫌非法采

---

① 中华人民共和国最高人民检察院. 王某等人非法采矿 李某非法采矿掩饰、隐瞒犯罪所得案 [EB/OL]. 2022-05-24.

矿罪对王某等人立案侦查。王某等人非法采挖的 34 464 立方米泥炭土尚未销赃，被公安机关依法扣押，经鉴定，有机质含量大于50％，评估价值人民币 70 余万元。经勘查、测量，王某等人在 A 市非法采挖泥炭土致使 90 余亩基本农田种植条件遭到严重毁坏。

检察机关履职过程：

（1）适时介入引导侦查。2021 年 3 月，王某等人非法采挖泥炭土引起社会关注。公安机关立案侦查后，A 市人民检察院适时介入，对证据的收集、提取、固定、鉴定以及案件的侦查方向、法律适用等提出具体意见，建议公安机关从销售记录和销售渠道寻找突破口，并会同侦查人员就泥炭土的形成、标准、类型、功能、价值等多次听取自然资源部门及相关鉴定机构意见，为侦查环节依法全面有效收集、固定证据打下基础。

（2）审查起诉。检察机关经审查，认为王某等四人非法占用基本农田，实施非法采挖泥炭土的行为，同时触犯了非法占用农用地罪和非法采矿罪。

（3）提起公诉和对附带民事诉讼支持起诉。A 市自然资源局、B 市自然资源局作为土地资源、矿产资源的行政主管部门，依法提起刑事附带民事诉讼，请求法院判令四名被告人承担回填、修复以及评估鉴定等费用共计人民币 190 余万元。A 市人民检察院依法支持 A 市自然资源局、B 市自然资源局提起刑事附带民事诉讼。2021 年 6 月 17 日，A 市人民法院作出一审判决，采纳检察机关指控的罪名和量刑建议。一审宣判后，王某等四人以量刑过重为由提出上诉。同年 7 月 22 日，C 市中级人民法院作出二审裁定，驳回上诉，维持原判。

（4）提出社会治理检察建议。结合案件办理，A 市人民检察院对近年来非法采挖泥炭土犯罪进行了调研分析，深入剖析犯罪特点、案发原因以及暴露出的监管漏洞，针对自然资源部门履行监管责任不到位、执法检查力度不够、查处不够及时等问题，向自然资源部门提出检察建议：一是完善制度机制建设，落实属地监管责任；二是采取有效行政手段，及时修复受损耕地；三是加大执法检查力度，强化行政执法与刑事司法衔接，及时移送涉嫌犯罪案件；四是加强黑土地保护法治宣传，提高群众法治意识。自然资源部门高度重视落实检察建议，对辖区内违法占地和各类破坏自然资源的行为开展全面摸排，使非法采挖、加工、运输、贩卖泥炭土等违法犯罪得到有效遏制，当地群众保护黑土地的意识明显提升，有力促进了犯罪预防和诉源治理。

34. 什么是耕地轮作休耕制度？

2016 年 5 月 20 日，《探索实行耕地轮作休耕制度试点方案》由中央全面深化改革领导小组第二十四次会议审议通过，我国由此拉开耕地轮作休耕制度的序幕。耕地轮作休耕制度是一种农业生产管理制度，旨在有效保护耕地资源，提高土壤质量和农作物产量，同时实现农业可持续发展。其核心理念是通过轮换种植不同作物和周期性休耕的方式，合理利用土地资源，防止土壤退化和生态环境恶化。

耕地轮作休耕制度的核心在于轮换种植和休耕。轮换种植是指农民根据不同作物的生长特点和对土壤的需求，将同一块耕地在不同时间用于种植不同的作物，以达到土壤养分的平衡利用和土壤结构的改善。比如，将高养分作物与低养分作物轮换种植，或者将深根作物与浅根作物相间种植，有助于减少土壤养分的枯竭和病虫害的发生。而休耕则是指将部分耕地在某个时期停止耕种，让土地得以休养生息，恢复土壤结构和养分，减少土壤侵蚀和水土流失。轮作休耕可以有效提高土地的生产力和农作物的产量，实现农业生产的可持续发展。在实施区域上：轮作主要在东北冷凉区、北方农牧交错区等地开展试点，休耕主要在地下水漏斗区、重金属污染区、生态严重退化地区开展试点。

①耕地轮作，重点推广"一主四辅"种植模式。"一主"是指实行玉米与大豆轮作；"四辅"包括实行玉米与马铃薯等薯类轮作，实行籽粒玉米与青贮玉米、苜蓿、草木樨、黑麦草、饲用油菜等饲草作物轮作，实行玉米与谷子、高粱、燕麦、红小豆等耐旱耐瘠薄的杂粮杂豆轮作，实行玉米与花生、向日葵、油用牡丹等油料作物轮作。②耕地休耕。在地下水漏斗区连续多年实施季节性休耕，实行"一季休耕、一季雨养"，将需抽水灌溉的冬小麦休耕，只种植雨热同季的春玉米、马铃薯和耐旱耐瘠薄的杂粮杂豆。在重金属污染区连续多年实施休耕，采取施用石灰、翻耕、种植绿肥等农艺措施，以及生物移除、土壤重金属钝化等措施，修复治理污染耕地。在生态严重退化地区连续休耕3年，改种防风固沙、涵养水分、保护耕作层的植物，同时减少农事活动，促进生态环境改善。

基于此，耕地轮作休耕制度的实施需要政府、农民和社会各界的共同努力。其中，政府应加强对耕地轮作休耕制度的宣传和推广，建立健全相关的法律法规和政策措施，为农民提供技术指导和经济支持，鼓励农民积极参与轮作休耕行动。农民应增强生态保护意识，遵守轮作休耕的规定，科学合理地利用土地资源，保护生态环境和土地资源。社会各界应加强对耕地轮作休耕制度的监督和评估，推动农业生产方式的转变和可持续发展，共同建设美丽乡村和绿色家园。

35. 撂荒地治理有哪些手段？

撂荒地是指经耕种、肥力下降、已经荒废的土地。撂荒地产生的原因有农业机械化水平低、农业产业人才不足、农用土地质量下降严重、农民种植意愿低等。

为贯彻落实《国务院办公厅关于坚决制止耕地"非农化"行为

的通知》①《国务院办公厅关于防止耕地"非粮化"稳定粮食生产的意见》②，有效遏制耕地撂荒，充分挖掘保供潜力，农业农村部印发《关于统筹利用撂荒地促进农业生产发展的指导意见》，要求各级农业农村部门充分认识遏制耕地撂荒的重要性和紧迫性，落实粮食安全党政同责要求，完善粮食安全省长责任制，推动将统筹利用撂荒地情况纳入考核指标，层层压实责任。加强耕地撂荒情况跟踪监测和督促检查，强化考核结果应用，对耕地撂荒问题仍然突出的地区进行通报约谈，将撂荒地治理与相关项目资金和支持政策相挂钩。主要手段包括：

（1）充分认识统筹利用撂荒地的重要性。各级农业农村部门要充分认识遏制耕地撂荒的重要性和紧迫性，采取切实有效措施，把耕地资源用足用好。落实粮食安全党政同责要求，完善粮食安全省长责任制，推动将统筹利用撂荒地情况纳入考核指标，层层压实责任，有效遏制耕地撂荒。

（2）要坚持分类指导，有序推进撂荒地利用。建立信息台账，制定统筹利用撂荒地具体方案，将平原地区撂荒地优先用于粮食生产，对丘陵地区撂荒地，宜粮则粮、宜特则特。

案例3　南方某县撂荒地治理③

南方某县耕地面积 99 613.5 亩，受劳动力流失、基础设施薄弱、生产效益低等因素影响，出现耕地撂荒现象，通过建立"三张清单"有效破解了耕地撂荒问题。

一是摸清"地块清单"。按照"村有清单、乡镇有台账、县

---

① 《国务院办公厅关于坚决制止耕地"非农化"行为的通知》（国办发明电〔2020〕24 号）。

② 《国务院办公厅关于防止耕地"非粮化"稳定粮食生产的意见》（国办发〔2020〕44 号）。

③ 《福建省农业农村厅办公室关于印发统筹利用撂荒地促进农业生产发展典型案例的通知》（闽农厅办函〔2022〕8 号）。

有总账"的要求，以村为单位，实行分片负责、分区包干的工作模式，对所有地块开展拉网式排查，并与全县土地确权数据及种植现状进行共享比对，精准掌握耕地种植情况，逐级形成信息台账。二是制定"整治清单"。以问题为导向，通过签订整改承诺书、流转协议、建立撂荒图斑等举措，因村施策、因地制宜，逐个逐块稳妥有序推进耕地撂荒治理。三是列出"奖惩清单"。建立健全耕地撂荒举报、巡查、监测、执法相结合的监管机制，将撂荒地整治工作纳入基层党建述职考评和村干部"双述双评双考双挂钩"重要内容，做到奖惩并重。对开展撂荒耕地整治工作成效显著的村集体，给予村干部适当绩效奖励。对弃耕撂荒一年以上的承包耕地，取消次年耕地地力保护补贴资格；对弃耕撂荒连续两年以上的承包耕地，由村集体按程序终止土地经营权流转合同后，进行统一经营管理。

（3）要强化政策扶持，引导农民复耕撂荒地。发挥政策导向作用，释放价格信号，健全补贴机制，完善保险政策，加大创业支持，提高种植比较效益。

（4）要加快设施建设，改善撂荒地耕种条件。将具备条件的撂荒地纳入高标准农田建设范围，尽快修复因灾损毁的撂荒地，对撂荒地开展地力培肥，加快适合丘陵山区的农机装备研发制造。

（5）要规范土地流转，促进撂荒地规模经营。健全农村土地经营权流转市场和产权交易市场，引导长期外出务工、家中无劳动力的农户流转土地经营权，指导流转双方将防止耕地撂荒要求纳入流转合同内容。

（6）要加强指导服务，提升农业社会化服务水平。培育社会化服务组织，为外出务工和无力耕种的农户提供全程托管服务。开展有针对性的技术指导服务，使农业生产技能弱的农户尽快熟悉技术，提高生产能力。

（7）要加大宣传引导，提高遏制耕地撂荒的自觉性。利用传统媒体和新媒体，宣传国家耕地保护法律法规和强农惠农富农政策，总结遏制撂荒的经验做法，曝光耕地撂荒典型案例，营造全社会遏制耕地撂荒的浓厚氛围。

案例4　某村撂荒地治理工作纪实[①]

按照镇撂荒地整治工作安排，某村召开村组干部会议和群众大会，结合本村实际落实推进措施。一是广泛宣传营造氛围，强调提高粮食产量保证国家粮食安全的战略意义，使村民知晓专项工作开展背景和重要意义。二是加强普法宣传教育，宣讲家庭联产承包责任制的核心意义，强化土地承包人的权利和义务，明确承包集体土地而弃耕的撂荒行为既是一种违约行为，也是浪费国家资源的不文明不诚信表现，调动全民参与支持撂荒地整治的积极性。

36. 代耕代种有何优缺点？

"代耕代种"是指通过租赁或委托的方式，让他人代替自己进行农田的耕作和种植。在农村地区，有些农户由于各种原因无法自己进行农田的耕种工作，例如缺乏劳动力、身体状况不佳或者其他工作需要等等，可能会选择雇佣或委托其他人，通常是专业的农民或者农业服务公司，来代替自己完成这些工作。这种方式可以确保农田及时得到耕种和管理，从而保证农作物的生长和收成。

---

① 澎湃新闻·澎湃号·媒体："荒地"变"良田"！李桥镇盘活撂荒地 探索复耕复种新模式［EB/OL］．2022－07－12．

代耕代种的优点包括：①节省时间和精力。对于那些没有足够时间或身体能力从事农田耕种工作的农户来说，代耕代种可以节省他们大量的时间和精力，让他们能够专注于其他重要的事务。②享有专业化服务。专业的农民或农业服务公司通常具有丰富的经验和专业知识，能够提供高质量的耕作和种植服务，从而提高农田的产量和质量。③降低风险。农田耕种和管理过程中可能面临各种风险，如天气变化、病虫害等。通过委托专业人士进行耕种和管理，农户可以分担一部分风险，因为这些专业人士通常会采取适当的措施来应对各种风险。④灵活性。代耕代种模式使农户能够根据自己的需求和情况灵活调整耕种和管理计划，例如根据市场需求和季节变化来调整种植品种和数量。⑤增加经济效益。对于一些小型农户来说，购买和维护农业设备可能是一笔不小的开支。通过代耕代种，他们可以避免这些额外的成本，只需支付相对较低的劳务费用即可获得耕种和管理服务。

代耕代种的缺点包括：①成本高昂。委托专业人士进行耕种和管理服务通常需要支付一定的费用，这可能会增加农户的经济负担，尤其是对于小型农户来说可能难以承受。②控制和监督困难。将农田的耕种和管理工作委托给其他人可能会导致农户对于生产过程的控制和监督变得困难。农户需要确保代理人的工作质量和效率符合预期，否则可能会影响农田的产量和质量。③信任问题。农户需要信任代理人能够按时完成工作并保护农田的利益。然而，如果代理人不诚实或不尽职，农户可能会面临损失和风险。④局限性。代耕代种模式可能不适用于所有农作物或所有农田类型。某些特殊的农作物或农田环境可能需要农户自己进行耕种和管理，因为代理人可能缺乏相应的经验或专业知识。⑤依赖性。过度依赖代耕代种模式可能会削弱农户自身的农业技能和知识，长期来看可能会影响他们对于农田管理的自信和能力。

代耕代种模式可以是一种有效的选择，但农户需要权衡其优缺点，并根据自己的情况作出适当的决策。

║║案例5 某镇的"代耕、代种、代收"模式①

近年来，随着大量青壮年农民进城务工，在农村出现了"青年人不愿意种，老年人种不动"的现象。某镇党委积极探索新型农业生产发展创新模式，鼓励农机合作社等新型农业经营主体开展代耕代种社会化服务。年初，某镇开始在某村试行"代耕、代种、代收"模式，农民将耕地包给合作社，由合作社统一耕种、统一秋收，以改善农民种地难、收入低的困境。

具体来说，某镇探索"分期租赁，满期交付"的合作模式，引入某家庭农场为全镇监测户、脱贫户提供代耕代种服务，共覆盖 3 个村 90 户 1 224 亩，以低于市场价收取喷药与收割费用，既解决了农村人口老龄化种地难的问题，又解决了分散经营、农民种地贵的问题，通过农机合作社的"全职式保姆"代耕代种服务，让农民安心当"甩手掌柜"，农村剩余劳动力得以外出务工。把土地包给合作社后，通过免耕播种技术，能比传统播种方式多种植 300～500 株/亩，可增收 200 元/亩，既比自己种产量高、收入高，农民还可以打工赚钱。

一年的实际收入远远高于自己耕种，为农民开辟了一条增收致富新渠道。

37. 盐碱地综合利用有哪些措施？

盐碱地是受土体中盐碱成分作用的，包括各种盐土和碱土以及

---

① 突泉县人民政府. 东杜尔基镇："代耕代种"初亮相 增产增收新希望 [EB/OL].
2023 - 10 - 17.

其他不同程度盐化和碱化的各种类型土壤的统称。当土壤表层或亚表层中水溶性盐类的累积量超过 $1\sim 2g/kg$ 或者土壤碱化层的碱化度超过 5％时，土壤就属于盐碱地范围。根据联合国教科文组织和联合国粮农组织的不完全统计，全世界盐碱地的面积为 9.543 8 亿公顷，其中我国为 9 913 万公顷。我国碱土和碱化土壤的形成，大部分与土壤中碳酸盐的累积有关，因而碱化度普遍较高，严重的盐碱土壤地区植物几乎不能生存。近年来，国家对于盐碱地保护和利用的强调也一再加码。2022 年中央 1 号文件就提出："积极挖掘潜力增加耕地，支持将符合条件的盐碱地等后备资源适度有序开发为耕地。研究制定盐碱地综合利用规划和实施方案。分类改造盐碱地，推动由主要治理盐碱地适应作物向更多选育耐盐碱植物适应盐碱地转变。支持盐碱地、干旱半干旱地区国家农业高新技术产业示范区建设。"

2023 年 12 月 1 日，《求是》杂志发表了习近平同志的重要文章《切实加强耕地保护 抓好盐碱地综合改造利用》，其中指出，我国盐碱地多，部分地区耕地盐碱化趋势加剧，开展盐碱地综合改造利用意义重大，要重点抓好几项工作：①全面摸清盐碱地资源状况，把基础工作打牢。②搞好顶层设计，研究编制盐碱地综合利用

总体规划和专项实施方案，根据水资源等方面条件对成本效益进行综合评估，区分轻重缓急，经过严格认定审批后实施。③分类施策，分区分类开展盐碱耕地治理改良，梯次推进盐碱地等耕地后备资源开发，加强耕地盐碱化防治。④坚持粮经饲统筹，因地制宜利用盐碱地，向各类盐碱地资源要食物。⑤"以种适地"同"以地适种"相结合，加快选育耐盐碱特色品种，大力推广盐碱地治理改良的有效做法。⑥制定支持盐碱地综合利用的财政金融政策，强化资金等要素保障，引导鼓励社会资金投入。

当前，治理盐碱地主要有物理修复、化学修复、植物修复和微生物修复四类方法。在淡水资源丰富的地区，过去大多使用大水漫灌的方式来改良盐碱地，这是一种物理方法，简单理解就是以水洗地，降低表土层盐浓度。但由于存在冲刷后盐水可能发生物理位移、水分利用率低的弊病，这种方法如今已逐渐减少使用，精准滴灌成为一种较常规的方法。

此外，治理盐碱地比较常见的还有化学方法，即用钙来置换土壤中的钠，帮助土壤脱盐；或将酸性物质施入土壤，降低盐碱土pH等。种植耐盐碱植物也是一类常用方法，2013年，渤海粮仓科技示范工程中就曾验证了种植枸杞、盐地碱蓬、沙枣、白刺等12种植物对盐碱地改良都是有效的。

值得一提的是微生物修复方法。土壤是一个充满生命的热闹生态系统，而其生命网的核心是构建土壤微生物和植物之间的关系。微生物和植物互相提供基本营养，植物生长依靠微生物的生存和繁衍。盐碱地土壤盐分、碱度过高，没有水分，造成土壤生命状态较差，出现板结。微生物修复技术通过微生物和腐殖质的导入，改善土壤中的微生物环境，促进土壤的团粒结构化，从而阻断下层盐水的上升通道，让盐不再"随水来、随水去"，形成排水性、保水性、通气性皆良好的理想状态土壤，适于作物栽培。

自然界循环是一个无比复杂的系统，盐碱地的出现背后有气候、环境、土壤、种植、微生物，甚至有空气动力学、构建微气候等多方面原因，解决方案也不能仅仅依赖一种方式。上述四类方法在局部范围、特定环境下都是有效的，但只有把它们综合起来形成一套"组合拳"，才能持久见效。

38. 县级以上地方人民政府在耕地保护方面应当分别履行什么职责？

县级人民政府是我国土地管理的基础单位，属于基层政府，它承担着实施耕地保护基本国策的重要责任，其主要职责是实施国家和省、市关于土地管理的法律、法规和政策，负责本行政区域内的土地管理工作。[①] 在耕地保护方面，县级人民政府主要负责制定和实施本行政区域的耕地保护规划，组织实施耕地保护项目，负责耕地保护的日常管理和监督检查工作，以确保耕地保护规定和措施得到有效执行，维护耕地保护的秩序。同时还要积极落实上级政府要求开展的宣传和推广耕地保护知识活动，提升人们的耕地保护意识。

地市级人民政府是县级人民政府的上一级单位，其主要职责是对本地区的耕地保护工作进行监督和管理，确保耕地保护规定和措施得到有效执行并对下一级人民政府的土地管理工作进行指导和监督。在耕地保护方面，地市级人民政府还需要组织实施本地的耕地保护项目，对县级人民政府的耕地保护工作进行指导和监督，对本市违反耕地保护规定的行为进行查处。此外，地市级人民政府还要根据本市自身具体情况，组织实施耕地质量提升工程并建立耕地保护制度，通过科学的耕作方法和合理的农业管理，努力提升耕地的质量和产量，不断完善和优化本市的耕地保护制度，以适应社会经

[①] 《济南市人民政府办公厅关于印发济南市县级政府耕地保护责任目标考核办法的通知》（济政办发〔2018〕28号）。

济发展和环境保护的要求。

　　省级人民政府是地市级人民政府的上一级单位，其主要职责是负责本省内的土地管理工作，引导并监督各地市级人民政府对耕地保护政策和举措的落实情况。省级人民政府必须根据本省长期发展情况制定严格的耕地保护政策，加强对农业科技的投入，因地制宜，给予本省新兴农业企业支持，并根据耕地压力指数严格控制人口增长，实现可持续发展，从而保障全省的粮食安全。

第三章 把提高粮食综合生产能力放在更加突出的位置

39 什么是种业振兴？

粮食生产是从播撒种子开始到粮食作物收获的全过程，种业振兴是提高粮食综合生产能力的关键。种业振兴的核心要义是通过育种技术创新促进主要粮食作物种子改良升级。根据历年中央 1 号文件有关种业的重要表述，新时代中国种业振兴既包括主要粮食作物种业的发展，也强调了农作物、畜禽、水产和林草种业的发展与兴旺。[①] 党的二十大报告指出，要深入实施种业振兴行动。推进种业振兴对保障国家粮食安全具有重要意义，具体可以从以下五个方面着手[②]：

（1）建立多层次知识产权保护体系，不断优化创新环境。实施以品种权、专利权为主要内容的种业知识产权保护战略。严厉打击侵权造假行为，推动侵犯品种权等违法行为入刑，健全品种权纠纷调处机制。

（2）加大良种联合攻关支持，构建种业创新体系。加大重点粮食作物、特色作物和畜禽良种攻关支持力度。坚持问题导向和目标导向，聚焦制约发展关键"卡脖子"问题，凝聚优势创新要素，推

---

① 杨骞，寇相涛，金华丽. 种业振兴的中国道路：历程、成效与展望［J］. 农村经济，2023（12）：1-11.

② 毛长青，许鹤瀛，韩喜平. 推进种业振兴行动的意义、挑战与对策［J］. 农业经济问题，2021（12）：137-143.

进产学研结合，支持建设一批高水平的种质资源发掘、分子育种检测、商业化育种、新品种测试平台。

（3）创建财政金融支持政策，助力种业创新发展。加大种质资源引进力度，探索建立种质资源引进绿色通道。支持企业育种研发，研究设立重大成果奖励补助制度。探索建立种业科技创新基金等政府引导基金，给予育繁推一体化种子企业上市融资特殊政策，推动种业颠覆性、战略性、引领性核心技术研发和快速转化。

（4）加大对优势企业的支持力度，提升企业创新力和竞争力。在全国整合布局一批有基础、有特色、有潜力的种业企业集团。支持种业优势骨干企业集团开展兼并重组，整合国际国内优势资源和社会资本，加快提升企业自主创新能力和国际竞争力。

（5）充分发挥资本市场的作用。资本市场政策要向鼓励龙头种业企业开展行业整合方向倾斜，充分发挥种业龙头上市公司的资本优势、管理优势和科技优势，做强做大做优种业"航母"。

⑩ 什么是植物新品种权？

根据《中华人民共和国植物新品种保护条例》（以下简称《植物新品种保护条例》）第二条，植物新品种是指经过人工培育的或者对发现的野生植物加以开发，具备新颖性、特异性、一致性和稳定性并有适当命名的植物品种。根据《植物新品种保护条例》第三条，国务院农业、林业行政部门按照职责分工共同负责植物新品种权申请的受理和审查并对符合本条例规定的植物新品种授予植物新品种权。[①]

植物新品种包括农业植物新品种和林业植物新品种。农业植物新品种包括粮食、棉花、油料、麻类、糖料、蔬菜（含西甜瓜）、烟草、

[①] 《中华人民共和国植物新品种保护条例》（中华人民共和国国务院令〔2014〕第653号）。

桑树、茶树、果树（干果除外）、观赏植物（木本除外）、草类、绿肥、草本药材、食用菌、藻类和橡胶树等植物的新品种。林业植物新品种包括林木、竹、木质藤本、木本观赏植物（包括木本花卉）、果树（干果部分）及木本油料、饮料、调料、木本药材等植物的新品种。

植物新品种的授权工作由农业、林业部门分工负责。农业农村部为农业植物新品种权的审批机关；农业农村部植物新品种保护办公室承担品种权申请的受理、审查等事务，负责植物新品种测试和繁殖材料保藏的组织工作。[1] 国家林草局负责受理、审查林业植物新品种权的申请并授予植物新品种权；国家林草局植物新品种保护办公室负责组织与植物新品种保护有关的测试、保藏等业务，按国家有关规定承办与植物新品种保护有关的国际事务等具体工作。[2]

植物新品种保护对促进种业转型升级、满足人民对美好生活需要、保障粮食安全作出了重要贡献，是发展现代种业、推进种业振兴不可缺少的有力支撑。

41. 什么是种子储备制度？

2015 年 11 月，《种子法》规定省级以上人民政府建立种子储备制度，有计划地储备一定数量的农作物种子，主要用于发生灾害时的生产需要及余缺调剂，保障农业和林业生产安全。对储备的种子应当定期检验和更新。种子储备制度对有效应对农业自然灾害、确保种子市场平稳、保障国家粮食安全作出了重要贡献。

根据《国家救灾备荒种子储备补助经费管理办法》《种子法》，种子储备制度应由国家和各省级农业主管部门建立。农业农村部下达国家救灾备荒种子储备任务，并与相关省级农业主管部门签订一

[1] 《中华人民共和国植物新品种保护条例实施细则（农业部分）》（农发〔2007〕5 号）。
[2] 《中华人民共和国植物新品种保护条例实施细则（林业部分）》（林发〔2000〕3 号）。

级储备合同。相关省级农业主管部门根据下达的种子储备任务，与承储单位签订二级承储合同。各有关省、自治区、直辖市农业主管部门协助农业农村部在储备期内定期开展储备种子数量及品种检查、质量检测和安全检查，把好储备种子入库关、数量关、质量关和出库关，确保本区域内承储单位按照任务要求保质保量落实好种子储备任务。承储单位要严格履行合同，按照品种、数量、质量等要求落实好储备任务，要实行专库存储，建立项目实物明细账，严格执行政府购买服务管理制度相关规定，认真履行政府购买服务合同约定①。

42 什么是高效节水农业？

高效节水农业是一个复杂的系统工程，包括作物高效用水调控、田间精量灌溉控制、灌区配水优化以及配套农艺保障措施等。② 衡量节水农业的标准是作物的产量及品质，用水的利用率及生产率。节水农业包括节水灌溉农业和旱地农业。节水灌溉农业是指通过喷灌、微喷灌、滴灌、管灌等技术合理开发利用水资源和土地资源，有效避免水分的蒸发和浪费，从根本上改善作物的生产。③ 旱地农业是指降水偏少、灌溉条件有限而从事的农业生产，主要依靠的是调控环境以适应作物，即提高降水利用率的途径。通过生物改良适应环境以提高水分利用效率和作物抗旱性的途径发展来达到节水目的。④

① 农业农村部办公厅关于落实2021年国家救灾备荒种子储备任务的通知［R］. 中华人民共和国农业农村部公报，2020（6）：58-59.
② 饶静. "项目制"下节水农业建设困境研究：以河北省Z市高效节水农业技术推广为例［J］. 农业经济问题，2017，38（1）：83-90，111-112.
③ 蔺彦. 高效节水灌溉工程的优化设计要点分析［J］. 大众标准化，2023（2）：46-48.
④ 山仑. 我国旱地农业发展中的几个问题［J］. 干旱地区农业研究，2023，41（3）：2-4.

由国家发展改革委、水利部 2019 年联合发布的《国家节水行动方案》给出了农业节水增效行动重点[①]：

（1）大力推进节水灌溉。加快灌区续建配套和现代化改造，分区域规模化推进高效节水灌溉。结合高标准农田建设，加大田间节水设施建设力度。开展农业用水精细化管理，科学合理确定灌溉定额，推进灌溉试验及成果转化。推广喷灌、微灌、滴灌、低压管道输水灌溉、集雨补灌、水肥一体化、覆盖保墒等技术。加强农田土壤墒情监测，实现测墒灌溉。

（2）优化调整作物种植结构。根据水资源条件，推进适水种植、量水生产。加快发展旱作农业，实现以旱补水。在干旱缺水地区，适度压减高耗水作物，扩大低耗水和耐旱作物种植比例，选育推广耐旱农作物新品种；在地下水严重超采地区，实施轮作休耕，适度退减灌溉面积，积极发展集雨节灌，增强蓄水保墒能力，严格限制开采深层地下水用于农业灌溉。

（3）推广畜牧渔业节水方式。实施规模养殖场节水改造和建设，推行先进适用的节水型畜禽养殖方式，推广节水型饲喂设备、机械干清粪等技术和工艺。发展节水渔业、牧业，大力推进稻渔综

---

① 《国家发展改革委、水利部关于印发〈国家节水行动方案〉的通知》（发改环资规〔2019〕695号）。

合种养，加强牧区草原节水，推广应用海淡水工厂化循环水和池塘工程化循环水等养殖技术。

（4）加快推进农村生活节水。在实施农村集中供水、污水处理工程和保障饮用水安全基础上，加强农村生活用水设施改造，在有条件的地区推动计量收费。加快村镇生活供水设施及配套管网建设与改造。推进农村"厕所革命"，推广使用节水器具，创造良好节水条件。

43. 水土流失综合治理有哪些治理措施？

水土保持是江河保护治理的根本措施，是生态文明建设的必然要求。根据《中华人民共和国水土保持法》[①] 第二条，水土保持是指对自然因素和人为活动造成水土流失所采取的预防和治理措施。

搞好水土保持、防治水土流失是治水事业的一项根本措施，是改善区域生态环境的重要抓手，是推动流域生态保护和高质量发展的内在要求。根据中共中央办公厅、国务院办公厅发布的《关于加强新时代水土保持工作的意见》，水土流失综合治理有以下三条治理措施[②]：

（1）全面推动小流域综合治理提质增效。统筹生产生活生态，在大江大河上中游、东北黑土区、西南岩溶区、南水北调水源区、三峡库区等水土流失重点区域全面开展小流域综合治理。各地要将小流域综合治理纳入经济社会发展规划和乡村振兴规划，建立统筹协调机制，以流域水系为单元，整沟、整村、整乡、整县一体化推进。以山青、水净、村美、民富为目标，以水系、村庄和城镇周边为重点，大力推进生态清洁小流域建设，推动小流域综合治理与提高农业综合生产能力、发展特色产业、改善农村人居环境等有机结合，提供更多更优蕴含水土保持功能的生态产品。

---

① 《中华人民共和国水土保持法》（中华人民共和国主席令〔2010〕第三十九号）。
② 《中共中央办公厅 国务院办公厅〈关于加强新时代水土保持工作的意见〉》（国务院公报，2023年第2号）。

（2）大力推进坡耕地水土流失治理。聚焦耕地保护、粮食安全、面源污染防治，以粮食生产功能区和重要农产品生产保护区为重点，大力实施坡耕地水土流失治理工程，提高建设标准和质量。加快推进长江上中游坡耕地水土流失治理，因地制宜完善田间道路、坡面水系等配套措施，提升耕地质量和效益。推进黄土高原旱作梯田建设，加强雨水集蓄利用，发展高效旱作农业。加大东北黑土区坡耕地和侵蚀沟水土流失治理力度，统筹推进保护性耕作和高标准农田建设，保护好黑土资源。有条件的地区要将缓坡耕地水土流失治理与高标准农田建设统筹规划、同步实施。

（3）抓好泥沙集中来源区水土流失治理。以减少入河入库泥沙为重点，突出抓好黄河多沙粗沙区特别是粗泥沙集中来源区综合治理，大力开展黄土高原高标准淤地坝建设，加强病险淤地坝除险加固和老旧淤地坝提升改造，实施固沟保塬工程。积极推进南方丘陵山地带崩岗综合治理，保护和合理利用水土资源。

44. 土壤污染防治有哪些措施？

土壤是经济社会可持续发展的物质基础，关系人民群众身体健康，关系美丽中国建设，保护好土壤环境是推进生态文明建设和维护国家生态安全的重要内容。根据《中华人民共和国土壤污染防治法》① 第二条，土壤污染是指因人为因素导致某种物质进入陆地表层土壤，引起土壤化学、物理、生物等方面特性的改变，影响土壤功能和有效利用，危害公众健康或者破坏生态环境的现象。

土壤污染防治和土壤修复，是当前农业发展面临的主要问题，也是实现经济绿色、安全、高效发展的重要途径。根据国务院发布的《土壤污染防治行动计划》，应对土壤污染可以采取以下措施②：

（1）实施农用地分类管理，保障农业生产环境安全。对轻中度污染的耕地，制定实施受污染耕地安全利用方案，采取农艺调控、替代种植等措施，降低农产品超标风险。对重度污染耕地，严格管控其用途，依法划定特定农产品禁止生产区域，严禁种植食用农产品；制定实施重度污染耕地种植结构调整或退耕还林还草计划。

（2）实施建设用地准入管理，防范人居环境风险。将建设用地土壤环境管理要求纳入城市规划和供地管理，土地开发利用必须符合土壤环境质量要求。对拟收回土地使用权的有色金属冶炼、石油加工、化工、焦化、电镀、制革等行业企业用地，以及用途拟变更为居住和商业、学校、医疗、养老机构等公共设施的上述企业用地，由土地使用权人负责开展土壤环境状况调查评估；已经收回的，由所在地市、县级人民政府负责开展调查评估。根据调查评估结果，建立污染地块名录及其开发利用的负面清单，合理确定土地用途。

（3）对于已经受到污染的土壤，可使用土壤修复技术进行修复。土壤修复是指通过物理、化学和生物的方法转移、吸收、降解和转化土壤中的污染物，使其浓度降低到可接受水平，或将有毒有害的污染物转化为无害的物质，一般包括生物修复、物理修复和化学修复三类方法。由于土壤污染的复杂性，有时需要采用多种技术。

---

① 《中华人民共和国土壤污染防治法》（中华人民共和国主席令〔2018〕第八号）。

② 环境保护部．环境保护部就《土壤污染防治行动计划》答问［EB/OL］．2016 - 05 - 31.

45. 地下水超采治理有哪些治理措施？

《地下水管理条例》[①] 第二条规定，地下水是指赋存于地表以下的水。地下水是重要供水水源和生态环境要素，在保障城乡生活生产供水、支持经济社会发展、维系良好生态环境等方面发挥着极其重要的作用。当地下水被过度抽取，会形成土地盐渍化，恶化生态环境，从而影响农业生产；过度开采地下水也会导致含水层枯竭，增加农业灌溉成本。[②]

实施地下水超采治理，是党中央、国务院为保障国家水安全作出的重大决策部署，是保护地下水资源、改善生态环境、保障民生、实现可持续发展的迫切需要。《地下水管理条例》对地下水超采治理也作出了明确规定，具体有以下治理措施[③]：

（1）加快灌区节水改造，提升节水灌溉面积比例。严控农业种植和灌溉面积发展，采取调整农业种植结构、耕地休养生息等措施，减少超采区农业用水量。

（2）提高工业用水重复利用率，降低城镇公共供水管网漏损率以及推广节水器具，严控城镇及产业发展规模、布局、结构，严控高耗水产业发展。

（3）加大非常规水源利用。优化调配当地地表水，在保障河湖健康生命的前提下，合理利用外调水，增强水源调蓄能力，增加地表水供给，实施水源置换措施，压减地下水超采量，降低流域和区域水资源开发强度，相机实施地下水回补。

---

① 《地下水管理条例》（中华人民共和国国务院令〔2021〕748号）。

② 方金龙. 解决农业灌溉与地下水超采问题的有关建议［J］. 河北农机，2023（15）：79-81.

③ 水利部. 水利部等四部委部署开展10个重点区域地下水超采综合治理［EB/OL］. 2023-03-03.

（4）建立深度节水控水机制。确定地下水管控指标，完善监测计量体系，加强地下水禁限采区管理，实施取水许可限批，推进地下水超采区划定，加强地下水数字孪生研究，提升智慧化管理水平。

46 农业机械化作业基础条件建设包括哪些具体内容？

《农业机械化促进法》第二条规定，农业机械化是指运用先进适用的农业机械装备农业，改善农业生产经营条件，不断提高农业的生产技术水平和经济效益、生态效益的过程。农业机械化是加快推进农业农村现代化的关键抓手和基础支撑，是转变农业发展方式、提高农村生产力的重要基础。

农业机械化作业的顺利实施离不开良好的基础条件建设。良好的基础条件包括耕地平整度、农村机耕道路、农机场库棚和信息化支持能力等[1]。这些基础设施的建设能够提高农业生产效率，为农机作业提供良好的条件，促进农业的可持续发展。根据《国务院关于加快推进农业机械化和农机装备产业转型升级的指导意见》[2]，

---

[1] 朱冰，凌小燕，高雅.农机作业服务基础保障建设现状分析研究［J］.中国农机化学报，2018，39（6）：93-101.

[2] 《国务院关于加快推进农业机械化和农机装备产业转型升级的指导意见》（国发〔2018〕42号）。

可以从以下两个方面改善农机作业基础条件：

（1）提高农机作业便利程度。加强高标准农田建设、农村土地综合整治等方面制度、标准、规范和实施细则的制修订，进一步明确田间道路、田块长度宽度与平整度等"宜机化"要求，加强建设监理和验收评价。统筹中央和地方各类相关资金及社会资本积极开展高标准农田建设，推动农田地块小并大、短并长、陡变平、弯变直和互联互通，切实改善农机通行和作业条件，提高农机适应性。重点支持丘陵山区开展农田"宜机化"改造，扩展大中型农机运用空间，加快补齐丘陵山区农业机械化基础条件薄弱的短板。

（2）改善农机作业配套设施条件。落实设施农用地、新型农业经营主体建设用地、农业生产用电等相关政策，支持农机合作社等农机服务组织生产条件建设。加强县级统筹规划，合理布局农机具存放和维修、农作物育秧育苗以及农产品产地烘干和初加工等农机作业服务配套设施。在年度建设用地指标中，优先安排农机合作社等新型农业经营主体用地，并按规定减免相关税费。有条件的地区可以将晒场、烘干、机具库棚等配套设施纳入高标准农田建设范围。鼓励有条件的地区建设区域农机安全应急救援中心，提高农机安全监理执法、快速救援、机具抢修和跨区作业实时监测调度等能力。

47 农业机械的绿色化、智能化和高效化具体包括哪些内容？

《"十四五"全国农业机械化发展规划》中提出，加快推动农业机械化智能化、绿色化。农机是解决谁来种地、保障粮食安全的关键。"十四五"期间，应加快推动农机装备向智能化、绿色化升级，助力实现国家"双碳"目标，促进提高农业生产力。

农业机械的绿色化体现为对环境友好和资源节约。农业机械绿色化包括使用清洁能源、减少化学农药使用、降低污染排放等方面的措施。例如，采用生物质能源替代传统燃油，减少尾气排放；采用精准农业技术，实现农药、化肥的精准施用，减少对土壤和水源的污染；推广农业废弃物资源化利用，减少环境污染。[①]

农业机械的智能化体现在技术创新和信息化应用方面。目前，智能农机装备主要包括大田智能农机装备、设施种栽培智能装备、设施养殖智能装备等产品，广泛应用于耕作、种子繁育与播种施肥、植物保护与田间管理、收获及收获后处理、节水灌溉、畜牧与养殖、设施农业等农业生产全过程，具有智能感知、智能决策、精准作业和智能管控等四个方面技术特点。[②]

农业机械的高效化体现在提高作业效率和降低生产成本方面。农业机械高效化包括提高作业速度、降低能耗、减少人力投入等方面的措施。例如，采用大型联合收割机和高效播种机具能够显著提高单台机械的作业效率。通过优化作业流程和降低机械故障率，进一步提高了农业生产的连续性和效率。

为加快推动农业机械智能化、绿色化、高效化发展，可以从以下四条路径着手[③]：

（1）推动智能农机装备技术创新。推动农机导航、农机作业管理和远程数据通信管理等技术系统集成，加快农机装备作业传感器、智能网联终端等关键技术攻关，推进农机作业监测数字化进程。

（2）示范运用智能化技术。积极引导高端智能农机装备投入农业生产，加快提升农机装备"耕、种、管、收"全程作业质量与作业效率。大力推广基于北斗、5G的自动驾驶、远程监控、智能控

---

① 冯玥，刘敏平．绿色技术在农业机械化中的推广与使用研究［J］．南方农机，2023，54（9）：175－177.

② 欧阳安，崔涛，林立．智能农机装备产业现状及发展建议［J］．科技导报，2022，40（11）：55－66.

③《农业农村部关于印发〈"十四五"全国农业机械化发展规划〉的通知》（农机发〔2021〕2号）。

制等技术在大型拖拉机、联合收割机、水稻插秧机等机具上的应用，引导高端智能农机装备加快发展。

（3）推进机械化生产数字化管理。加快机械化生产物联网建设，推广应用具有农机作业监测、远程调度、维修诊断等功能的信息化服务平台，实现对重要农时机械化生产的信息化管理与调度。

（4）推进农机节能减排。加快绿色智能农机装备和节本增效农业机械化技术推广应用，推进农机节能减排，助力实现农业碳达峰、碳中和。支持推动非道路移动机械排放标准由国三升级国四，实施更为严格的农机排放标准，因地制宜发展复式、高效农机和电动农机装备，减少废气排放。

48. 农业技术推广方式有哪些类型？

《农业技术推广法》第二条规定，农业技术推广是指通过试验、示范、培训、指导以及咨询服务等，把农业技术普及应用于农业产前、产中、产后全过程的活动。经过多年建设，我国逐步建立起以政府公益性农技推广机构为主、以科研院所和高校为代表的准公益性推广机构和以农业社会化服务组织为代表的市场性推广机构多元共存的农技推广体系。具体来说，农业技术推广具有以下四种方式①：

（1）公益型。公益型农业技术的推广模式主要依托于国家政府所构建的农业公共技术体系，地方政府部门要发挥出引导和牵头作用，并根据实际要求来按时划拨足够的资金。总体来看，此种类型的农业技术推广模式不仅更加有利于后续的管理工作，同时还可以

---

① 郭润霞，任小兵，王乃仁. 基层农业技术推广存在的问题及解决策略［J］. 种子科技，2022，40（24）：139-141.

保证资金来源的充足性。例如，在中国小麦丰产栽培技术示范项目中，通过建立示范基地，农技人员向农民展示了选优种、科学施肥、适时灌溉、病虫害防治等小麦丰产栽培技术。在示范基地的实践中，农民可以亲眼见到这些技术的效果，学习并模仿运用到自己的田地中。这一项目有效提高了小麦的产量和质量，为提升农民收入和保障粮食安全作出了重要贡献。

（2）科教型。科教型农业技术推广模式需要依托于地方上的农业院校以及相关的科研单位来开展，政府部门同样要发挥自身的引导和牵头作用，遵循市场的发展导向，将农业推广机构与农业企业紧密结合到一起，进而打造出行之有效的推广模式。其中，部分推广主体会与地方政府、农村合作组织以及农业协会利用签订合同协议的方式来形成稳定的合作关系，确保后续的技术培训、技术承包、技术研发、成果转化等各项活动得以高效开展。例如，江苏省超级稻大面积丰产高效栽培技术集成与推广项目与优良食味粳稻南粳系列品种推广项目，由扬州大学和江苏省农业技术推广总站共同完成。

（3）企业型。在企业型推广模式下，企业作为经济整体而言，可以通过付费或免费的形式来获得相关的农业技术，而后再将技术及时地传授给广大农民群众，当农民群众接受过系统化的技术培训后，再将他们所生产出来的某一个特定农业产品进行集中加工或包装处理。例如，江苏稻麦生产抗逆调控技术由淮安飞龙农业科技发展公司与江苏省农业技术推广总站共同完成。

（4）自发型。自发型农业技术推广模式所指的是地方上的农业技术协会与相关的经济组织建立起合作关系，在整个市场交易的过程中，需要进一步突出农民的主体地位。在这一模式下，地方政府要予以大力支持，相关的技术人员应当为农户提供相应的咨询和服务，而农民技术员则要主动参与其中，使自己成为中坚力量，并使得各项新技术得以高效推广。

49 什么是智慧农业？

2022 年 1 月，中央网信办、农业农村部等 10 部门联合印发了《数字乡村发展行动计划（2022—2025 年）》[①] 明确提出"智慧农业创新发展行动"，以加快推动智慧农业发展。国务院印发的《"十四五"推进农业农村现代化规划》中提出，加快数字乡村建设，发展智慧农业，建立和推广应用农业农村大数据体系，推动物联网、大数据、人工智能、区块链等新一代信息技术与农业生产经营深度融合。[②] 目前，智慧农业尚未给出一个确切的定义，一般根据智慧农业的实质内容或应用场景，将其描述为以信息和知识为核心要素，通过现代信息技术和智能装备等与农业深度跨界融合，实现农业生产全过程的信息感知、定量决策、智能控制、精准投入、个性化服务的全新农业生产方式。[③] 智慧农业是世界现代农业发展竞争的制高点，是重塑我国现代农业的重大战略举措，也是带动农业农村产业快速发展的重要抓手。

智慧农业建设是一个长期的过程，根据《数字乡村发展行动计划（2022—2025 年）》，智慧农业发展的实施重点如下：

（1）打好智慧农业数字化基础。继续加快乡村信息基础设施优化升级，提升农村地区网络接入水平，统筹使用遥感卫星等资源，构建农业天基网络，形成常规监测与快速响应的农业遥感观测能力；加快推进农业农村大数据建设应用，以第三次全国国土调查成果为基础，加快建设全国农业农村基础数据库，构建全国农业农村

---

① 中央网信办、农业农村部、国家发展改革委、工业和信息化部、科技部、住房和城乡建设部、商务部、市场监管总局、广电总局、国家乡村振兴局印发的《数字乡村发展行动计划（2022 - 2025 年）》。

② 《国务院关于印发"十四五"推进农业农村现代化规划的通知》（国发〔2021〕25 号）。

③ 赵春江. 智慧农业的发展现状与未来展望［J］. 华南农业大学学报，2021，42（6）：1 - 7.

数据资源"一张图"。

（2）加快智慧农业技术创新。重点突破智慧农业领域基础技术、通用技术和关键技术，超前布局前沿技术。加强专用传感器、动植物生长信息获取及生产调控机理模型等关键共性技术攻关，重点推进适用各种作业环境的智能农机装备研发，推动农机农艺和信息技术集成研究与系统示范。加强农机装备技术创新，逐步突破200马力无人驾驶拖拉机、大型液压翻转犁、精密播种机械、复式作业机具等整机和机具。围绕关键共性技术攻关、战略性前沿性技术超前布局、技术集成应用与示范，建设国家数字农业农村创新中心和分中心。

（3）加快农业生产数字化改造。建设一批智慧农场、智慧牧场、智慧渔场，推动智能感知、智能分析、智能控制技术与装备在农业生产中的集成应用，推进无人农场试点。深入推进单品种全产业链大数据建设，提升数据分析应用能力，通过远程控制、半自动控制或自主控制，实现农场作业全过程的智能化、无人化。完善国家农产品质量安全追溯管理信息平台，推进农产品质量安全信息化监管，探索建立追溯管理与风险预警、应急召回联动机制。

（4）积极开展农业科技信息服务。完善农业科技信息服务体系，支持培育一批面向新型农业经营主体和小农户的信息综合服务企业，引导社会主体开展以数据为关键要素的农业生产社会化服务，建立完善科技特派员综合信息服务平台，支持科技特派员开展在线指导答疑和交流工作经验。

案例6 金沙河合作社智慧种植①

一、基本情况

金沙河合作社成立于 2012 年 3 月，注册资金 2 000 万元，现有成员 445 名，由企业法人、职业农民、入股农户组成。地处我国小麦核心产区，主要种植优质冬小麦、玉米两大主粮，小麦亩均产量 1 100 斤*、玉米 1 300 斤，粮食年产量 3.3 万吨。经过 10 年的蓬勃发展，种植规模已从最初的 3 766 亩扩大到现如今的约 3 万亩，涉及南和区 6 个乡镇 34 个行政村 7 380 个土地承包户，辐射带动 8 200 余户农户，培养职业农民 120 余人。

金沙河合作社 2018 年被评为省级农民合作社示范社，2019 年被评为国家级农民合作社示范社。2019 年 6 月，作为 24 例全国农民合作社典型案例之一，受到农业农村部推介，2023 年入选农业农村部"第四批新型农业经营主体典型案例"。

目前金沙河合作社已实现了集原粮种植、原粮运输、仓储加工、产品销售于一体的信息支撑平台。职业农民可通过手机实时知晓作物生长情况，便于农事操作；原粮收购和使用方面，通过信息化打造实现了不同粮源分仓存储，随时监控仓温、仓容并执行先进先出的原粮使用过程；小麦研磨和挂面加工全程也都通过机械化、数据化和智能化的操作方式和设备实现了自动化生产。此外，通过监控系统和自有 ERP 系统，可实现产供储销全链条匹配的信

---

① 农业农村部 . 2019 年全国农民合作社典型案例之三：河北省南和县金沙河农作物种植专业合作社［EB/OL］. 2019 - 08 - 27.

* 1 斤＝500 克。

息化经营过程。

二、主要做法

2021 年初，金沙河合作社开展智慧数字化基地建设，利用"互联网＋农业"的现代化理念，建设小麦生产数字化平台，购置智能化物联网墒情监测设备，建设 6 000 亩数字化生产基地。通过将采集数据实时传输至应用平台，实现对田间农情及环境的动态监测，提高生产效率和管理水平。

合作社从小麦种植管理精细化和品牌价值提升的目标出发，围绕小麦从种植到收获这一条主线，对小麦生产的各个环节要素进行数据采集，构建小麦生产数字化平台和支持系统，提供小麦种植、田间管理、科教服务、环境监测、农机管理、质量追溯、数据分析等功能应用，数字赋能小麦种植生产，促进小麦种植的精细化管理，用数据说话，提高生产效率和管理水平，降本增效，扩大营收。

三、经验效果

（1）粮食规模化经营。粮食规模化生产离不开数字化平台，金沙河合作社自成立以来始终坚持小麦、玉米两大主粮规模化种植，并不断开发适宜该地区种植的优质粮食品种，并实行统一种植优质品种、统一采购生产物资、统一科学管理、统一技能培训、统一粮食存储、统一销售粮食产品的"六统一"服务，每亩节约生产成本 441 元，亩均产量小麦 1 100 斤、玉米 1 300 斤。金沙河合作社成为全国单体种植面积最大的农民合作社。

（2）促进优质粮食品种。基于小麦数字化平台及智慧种植系统，2022 年在闫里基地试验示范推广的小麦品种'马兰 1 号'亩产达 863.76 千克，创河北省小麦单产历史新高。与中国农业科学院作物科学研究所等部门合作，成功研发并推广种植了'中麦 578'小麦品种。

（3）节本增效。金沙河合作社种植规模达 3 万亩，现代化农机具齐全，由职业农民按地块进行统一管理（每人负责 400～500 亩地），通过信息化手段，收集小麦生产各个环节的数据，进行产量分析，将经验与数据融合，形成标准化的种植体系，实现小麦生产的精细化管理。应用现代农业新技术和全程机械化，每亩可减少化肥使用量 40 千克，增加有机肥用量 100 千克，亩均减少农药使用量 0.70 千克，每亩节水 100 立方米；通过平整土地、填沟去垄，每亩增加 0.02 亩有效土地。

50. 农业自然灾害和生物灾害监测预警体系建设包括哪些方面？

2024 年 1 月，国务院办公厅印发的《国家自然灾害救助应急预案》附则对自然灾害做出明确定义，自然灾害主要包括洪涝、干旱等水旱灾害，台风、风雹、低温冷冻、高温、雪灾、沙尘暴等气象灾害，地震灾害，崩塌、滑坡、泥石流等地质灾害，风暴潮、海浪、海啸、海冰等海洋灾害，森林草原火灾和重大生物灾害等。目前生物灾害尚未有一个准确的定义，根据实践可以从生物灾害的产生原因将其定义为，因暴发性、流行性病虫或农业植物检疫性有害生物的危害，对农业生产造成或者可能造成损失的紧急事件。

随着党和国家越来越重视自然灾害综合监测预警工作，我国的灾害综合监测预警协同机制逐步形成，监测预警能力持续提升，监测预警作用发挥明显。2018 年，我国组建了应急管理部，积极构建部门协同、机构协作、专家合作与企业参与的应急组织机制。[①]自然灾害预警体系由多部门协同构成，根据《国家自然灾害救助

---

① 王文，张志，张岩. 自然灾害综合监测预警系统建设研究［J］. 灾害学，2022，37（2）：229-234.

应急预案》，气象、自然资源、水利、农业农村、海洋、林草、地震等部门应及时向国家防灾减灾救灾委员会办公室和履行救灾职责的国家防灾减灾救灾委员会成员单位通报灾害预警预报信息。

农业自然灾害和生物灾害监测预警体系可以从以下三个方面进行建设[①]：

（1）风险基础数据库建设。依托第一次全国自然灾害综合风险普查成果，建设分类型、分区域的国家自然灾害综合风险基础数据库。

（2）风险监测系统建设。依托气象、水利、电力、自然资源、应急管理等行业和领域灾害监测感知信息资源，发挥"人防＋技防"作用，集成地震、地质、气象、水旱、海洋、森林草原火灾六大灾害监测模块，建立多源感知手段融合的全灾种、全要素、全链条灾害综合监测预警系统。

（3）风险预警系统建设。在自然灾害监测预警信息化工程实施

---

① 《"十四五"国家综合防灾减灾规划》（国减发〔2022〕1号）。

成果基础上，充分利用 5G、大数据、云计算、人工智能等技术手段，集成建设灾害风险快速研判、智能分析、科学评估等分析模型，建设重大灾害风险早期识别和预报预警系统。

51. 防灾减灾救灾工作机制是什么？

我国是世界上自然灾害最为严重的国家之一。防灾减灾是关系人民群众生命财产安全和国家安全的大事。《国家自然灾害救助应急预案》不仅明确了自然灾害的定义，还对防灾减灾救灾机制做出了系统的说明[1]：

（1）防灾减灾救灾指挥体系。防灾减灾救灾指挥体系由国家防灾减灾救灾委员会、国家防灾减灾救灾委员会办公室和专家委员会组成。国家防灾减灾救灾委员会负责统筹指导全国的灾害救助工作，协调开展重特大自然灾害救助活动。国家防灾减灾救灾委员会办公室负责与相关部门、地方的沟通联络、政策协调、信息通报等，组织开展灾情会商评估、灾害救助等工作，协调落实相关支持政策和措施。专家委员会对国家防灾减灾救灾工作重大决策和重要规划提供政策咨询和建议，为国家重特大自然灾害的灾情评估、灾害救助和灾后恢复重建提出咨询意见。

（2）灾害救助准备。气象、自然资源、水利、农业农村、海洋、林草、地震等部门及时向国家防灾减灾救灾委员会办公室和履行救灾职责的国家防灾减灾救灾委员会成员单位通报灾害预警预报信息，自然资源部门根据需要及时提供地理信息数据。

（3）灾情信息报告和发布。县级以上应急管理部门按照党中央、国务院关于突发灾害事件信息报送的要求，以及《自然灾害情况统计调查制度》和《特别重大自然灾害损失统计调查制度》等有

---

[1] 《国家自然灾害救助应急预案》（国办函〔2024〕11号）。

关规定，做好灾情信息统计报送、核查评估、会商核定和部门间信息共享等工作。

（4）国家应急响应。根据自然灾害的危害程度、灾害救助工作需要等因素，国家自然灾害救助应急响应分为一级、二级、三级、四级，其中一级响应级别最高。

（5）灾后救助。灾害救助应急工作结束后，受灾地区应急管理部门及时组织将因灾房屋倒塌或严重损坏需恢复重建无房可住人员、因次生灾害威胁在外安置无法返家人员、因灾损失严重缺少生活来源人员等纳入过渡期生活救助范围。因灾倒损住房恢复重建由受灾地区县级人民政府负责组织实施，提供资金支持，制定完善因灾倒损住房恢复重建补助资金管理有关标准规范，确保补助资金规范有序发放到受灾群众手中。

52 粮食生产功能区和重要农产品生产保护区具体是指哪些地区？

2017 年 3 月，国务院印发《关于建立粮食生产功能区和重要农产品生产保护区的指导意见》，明确了划定"两区"的标准：水土资源条件较好的永久基本农田，坡度控制在 15 度以内；平原地区农田连片面积至少 500 亩，丘陵地区连片面积不少于 50 亩；等等。① 这些标准旨在确保被划入"两区"的耕地高产量、高质量，保障土地长期稳定用于粮食和重要农产品生产。设立"两区"旨在固化粮食和重要农产品优势产区，通过差异化政策支持，优化农业生产结构和地域分布。在农业领域实施农产品主导功能区策略，对提高农产品供应能力至关重要，有助于牢牢把握粮食安全主动权。

根据《国务院关于建立粮食生产功能区和重要农产品生产保护

---

① 《国务院关于建立粮食生产功能区和重要农产品生产保护区的指导意见》（国发〔2017〕24 号）。

区的指导意见》对粮食生产功能区和重要农产品生产保护区进行如下划定：

（1）粮食生产功能区：共划定了 9 亿亩粮食生产功能区，其中6 亿亩用于稻麦生产。以东北平原、长江流域、东南沿海优势区为重点，划定了 3.4 亿亩水稻生产功能区；以黄淮海地区、长江中下游、西北及西南优势区为重点，划定了 3.2 亿亩小麦生产功能区（含水稻和小麦复种区 6 000 万亩）；以松嫩平原、三江平原、辽河平原、黄淮海地区以及汾河、渭河流域等优势区为重点，划定了4.5 亿亩玉米生产功能区（含小麦和玉米复种区 1.5 亿亩）。

（2）重要农产品生产保护区：划定重要农产品生产保护区2.38 亿亩（与粮食生产功能区重叠 8 000 万亩）。以东北地区为重点，黄淮海地区为补充，划定大豆生产保护区 1 亿亩（含小麦和大豆复种区 2 000 万亩）；以新疆为重点，黄河流域、长江流域主产区为补充，划定棉花生产保护区 3 500 万亩；以长江流域为重点，划定油菜籽生产保护区 7 000 万亩（含水稻和油菜籽复种区 6 000 万亩）；以广西、云南为重点，划定糖料蔗生产保护区1 500 万亩；以海南、云南、广东为重点，划定天然橡胶生产保护区 1 800 万亩。

53. 粮食主产区、主销区、产销平衡区是怎么划分的？

划分粮食主产省、自治区、直辖市第一次见于 1994 年公布的《国务院批转财政部等部门关于粮食政策性财务挂账停息报告的通知》。同年，《国务院关于深化粮食购销体制改革的通知》提到北京、天津、上海、福建、广东和海南 6 省（直辖市）为粮食主销区。2001 年，国家工商行政管理总局下发关于认真贯彻落实《国务院关于进一步深化粮食流通体制改革的意见》进一步加强粮食市场管理的通知，提出"粮食产销平衡省（自治区、直辖市）"的概念。至此关于粮食主产区、产销平衡区以及主销区的概念基本形成。① 2004 年，全国农业和粮食工作会议上进一步确定了主产区、产销平衡区和主销区的区域划分。自此，主产区、产销平衡区和主销区的区域版图正式确立。

按照现行粮食产销区划，全国 31 个省、自治区、直辖市被划分为 13 个粮食主产区、7 个粮食主销区和 11 个粮食产销平衡区。其中，主产区包括河北、河南、黑龙江、吉林、辽宁、湖北、湖南、江苏、江西、内蒙古、山东、四川、安徽；主销区包括北京、天津、上海、浙江、福建、广东、海南；产销平衡区包括山西、宁夏、青海、甘肃、西藏、云南、贵州、重庆、广西、陕西和新疆。

54. 产粮大县是怎么界定的？

产粮大县是我国粮食生产的核心产区。2008 年我国制定并发布了《国家粮食安全中长期规划纲要（2008—2020 年）》（以下简称《纲要》）。《纲要》提出，要加强主产区粮食综合生产能力建设，按照资源禀赋、生产条件和粮食增产潜力等因素，科学谋划粮食生产布局，集中力量建设一批基础条件好、生产水平高和粮食调出量大的核心产区，并抓好非主产区重点产粮区综合生产能力建设。根据《纲要》的这一要求，国家在 2009 年制定并发布的《全国新增1 000 亿斤粮食生产能力规划（2009—2020 年）》中提出了具体的落实意见，即综合考虑粮食播种面积、产量、商品量、集中连片和水资源等因素，从 13 个粮食主产省（自治区）选出 680 个县（市、区、场），从 11 个非粮食主产省（自治区、直辖市）选出 120 个粮食生产大县（市、区），对这 800 个产粮大县（市、区、场）（以下

---

① 华树春，钟钰. 我国粮食区域供需平衡以及引发的政策启示［J］. 经济问题，2021（3）：100－107.

简称县）进行重点建设。多年来，国家一直将把 800 个产粮大县打造成粮食生产功能区作为加快推进国家粮食安全保障工程建设的重中之重。产粮大县为我国粮食安全作出了重要贡献，是保障我国粮食安全的重要支撑点①。

为进一步调动地方政府抓好粮食、油料生产的积极性，财政部 2018 年印发了《产粮（油）大县奖励资金管理暂行办法》，对符合规定的产粮大县给予奖励。常规产粮大县入围条件：一是近五年平均粮食产量大于 4 亿斤，且粮食商品量大于 1 000 万斤的县级行政单位；二是未达到上述标准，但在主产区粮食产量或商品量列前 15 位，非主产区列前 5 位的县级行政单位。超级产粮大县入围条件：近五年平均粮食产量或商品量分别位于全国前 100 名的县。②

55 粮食主产区、主销区、产销平衡区在粮食生产方面应当实现什么目标？

2022 年的中央 1 号文件提出，主产区、主销区、产销平衡区都要保面积、保产量。具体而言，粮食主产区、主销区、产销平衡区在粮食生产方面应实现以下目标：

粮食主产区应不断提高粮食综合生产能力。粮食主产区肩负着确保国家粮食安全的重任，在全国粮食生产中占有重要地位。为提高粮食综合生产能力，保障粮食生产安全，可以从以下三个方面着手③：①改善农业生产条件；②提高农机装备水平；③推动农业科技研发和推广。

粮食主销区应稳定和提高粮食自给率。保障国家粮食安全不仅

---

① 辛翔飞，张怡，王济民. 中国产粮大县的利益补偿：基于粮食生产和县域财政收入的视角 [J]. 技术经济，2016，35（1）：83-87.

② 《产粮（油）大县奖励资金管理暂行办法》（财建〔2018〕413 号）。

③ 郑兆峰，宋洪远. 健全粮食主产区利益补偿机制：现实基础、困难挑战与政策优化 [J]. 农业现代化研究，2023，44（2）：214-221.

是主产区责任，也是主销区责任。为稳定和提高粮食自给率，保障粮食生产安全，可以从以下四个方面着手①：①实现耕地占补平衡，稳定粮食播种面积；②大力推广技术、资本密集型粮食生产方式；③鼓励农业公司发展，稳定农民收入增长的趋势；④积极有效抗击自然灾害，全面提升现代农业抵御自然灾害的水平。

粮食产销平衡区要确保粮食基本自给。根据《关于防止耕地"非粮化"稳定粮食生产的意见》部署，产销平衡区要着力建成一批旱涝保收、高产稳产的口粮田。② 为保证粮食基本自给，可以从以下三个方面着手③：①稳定粮食播种面积，保证基本良田数量不能减少；②加快中低产田改造治理以及高标准农田建设，提高耕地产出率；③加大粮食增产新技术的研究、引进和推广力度，依靠科技提高单产。

56. 什么是粮食生产者收益保障机制?

习近平总书记在党的二十大报告中指出，要健全种粮农民收益保障机制。根据实践，可将粮食生产者收益保护机制定义为，为改善粮食安全环境、降低保障粮食安全成本，调整相关利益者因影响粮食安全生产的经济利益以及经济利益分配关系，以补偿粮食生产者生产活动产生的超过其经济利益的机会成本为原则的一种具有激励特征的制度。④

为保证粮食的安全供给，保持粮食生产的稳定性，保证农业劳

---

① 蔡雪雄，李倩. 中国粮食主销区的粮食生产安全问题研究［J］. 亚太经济，2018（5）：130－136.

② 《国务院办公厅关于防止耕地"非粮化"稳定粮食生产的意见》（国办发〔2020〕44号）.

③ 李丰. 基于产销平衡视角的区域粮食安全保障体系研究［J］. 江苏社会科学，2015（6）：50－56.

④ 卜蓓. 粮食生产者的利益补偿机制研究［D］. 长沙：湖南农业大学，2011.

动力的充分供给，应对粮食生产者进行收益补偿。针对不同地区在粮食生产方面的差异性，粮食生产者收益保障机制可以从以下三个方面构建①：

（1）对产粮大省粮食生产者利益补偿。避免对产粮大省财政补贴的不平衡性，应让发达的、财政资源丰富的省份履行更多的农业补贴责任。应完善粮食补贴的体制机制，避免补贴管理部门的权力重叠，加强对补贴机构的监督，防止专项财政资金被挤占或者挪用的情况发生。

（2）对粮食净调入的发达省份粮食生产者利益补偿。加大科技投入，发展资源节约型农业，引进先进的理念、管理和技术，从而转变粮食生产者的生产方式，提高粮食生产者的收入。同时，可以鼓励种粮者种植高附加值的经济作物，做好第一、二、三产业的融合，提高产品附加值，但是要保障好粮食市场的流通性，要对粮食调出省份的粮食生产者进行基于机会成本的必要补贴。

（3）对粮食净调入的落后省份粮食生产者利益补偿。应完善这些地区的农业基础设施。一方面，水利灌溉设施和道路交通等农业基础设施能够显著降低农业生产成本、流通成本等在内的农产品成本，提高农业生产效率，促进信息流动并促进农民增收；另一方面，完善的农业基础设施可以抵御农业和自然灾害对当地自然环境的破坏。

57. 新型农业经营主体主要包括哪些？各个主体具备什么特征？

2017 年 5 月中共中央办公厅、国务院办公厅印发的《关于加快构建政策体系培育新型农业经营主体的意见》提出，加快培育新

---

① 李星辰. 粮食生产者利益补偿方式研究［J］. 中国物价，2023（9）：74－78.

型农业经营主体，加快形成以农户家庭经营为基础、合作与联合为纽带、社会化服务为支撑的立体式复合型现代农业经营体系。根据2020年3月农业农村部印发的《新型农业经营主体和服务主体高质量发展规划（2020—2022年）》，新型农业经营主体和服务主体包括家庭农场、农民合作社和农业社会化服务组织。新型农业经营主体具有以下特点：

（1）家庭农场。家庭农场的特征可以归纳为家庭经营、适度规模、市场化经营、企业化管理四个特征[①]。①家庭经营：家庭农场是在家庭承包经营基础上发展起来的，它保留了家庭承包经营的传统优势，同时又吸纳了现代农业要素。②适度规模：家庭农场必须到达一定的规模，才能够融合现代农业生产要素，具备产业化经营的特征。③市场化经营：家庭农场是通过提高市场化程度和商品化水平，以营利为根本目的的经济组织。④企业化管理：家庭农场是以现代企业标准化管理方式从事农业生产经营的。

（2）农民合作社。根据《中华人民共和国农民专业合作社法》第二条，农民专业合作社以其成员为主要服务对象，提供农业生产资料的购买，农产品的销售、加工、运输、贮藏，以及与农业生产经营有关的技术、信息等服务。农民合作社是指农民在家庭承包经营基础上按照自愿联合、民主管理原则组织起来的一种互助性生产经营组织。[②]农民合作社具有农民组织化、生产专业化、服务社会化等特点。[③]

（3）农业社会化服务组织。农业社会化服务是指政府及其他公共机构、农民专业合作组织、龙头企业、科研院所、个体经销

① 高强，刘同山，孔祥智．家庭农场的制度解析：特征、发生机制与效应［J］．经济学家，2013（6）：48－56.

② 张照新，赵海．新型农业经营主体的困境摆脱及其体制机制创新［J］．改革，2013（2）：78－87.

③ 王文．论农民专业合作社参与精准扶贫的有效途径［J］．科技视界，2019（34）：273－274.

商等为农户的农业生产经营活动所提供的各种服务，服务内容涵盖农业生产的各个环节。提供各类农业社会化服务的组织称为农业社会化服务组织。[①] 农业社会化服务体系具有多元化、社会化的特点。[②]

58. 什么是粮食适度规模经营？

2014 年 11 月，中共中央办公厅、国务院办公厅印发了《关于引导农村土地经营权有序流转发展农业适度规模经营的意见》，提出"土地流转和适度规模经营是发展现代农业的必由之路，有利于优化土地资源配置和提高劳动生产率，有利于保障粮食安全和主要农产品供给"。2023 年的中央 1 号文件提出，引导土地经营权有序流转，发展农业适度规模经营。

适度规模经营是指在既有条件下，适度扩大生产经营单位的规模，使土地、资本、劳动力等生产要素配置趋向合理，以达到最佳经营效益的活动。[③] 粮食适度规模经营是一个动态的概念，是在一定自然、经济、技术、社会条件下，以保障粮食安全、增加农民收入和保证社会稳定为目标，对生产要素尽可能优化组合，以获得一定规模经济效益的粮食生产规模区间。[④] 粮食适度规模经营有多种形式，既有土地有序流转形成的土地适度规模经营，也有通过股份合作、联合、订单农业和社会化服务提供等方式实现的粮食适度规

① 李容容，罗小锋，薛龙飞. 种植大户对农业社会化服务组织的选择：营利性组织还是非营利性组织？[J]. 中国农村观察，2015（5）：73 - 84.

② 孔祥智，徐珍源，史冰清. 当前我国农业社会化服务体系的现状、问题和对策研究 [J]. 江汉论坛，2009（5）：13 - 18.

③ 许庆，尹荣梁，章辉. 规模经济、规模报酬与农业适度规模经营：基于我国粮食生产的实证研究 [J]. 经济研究，2011，46（3）：59 - 71，94.

④ 王莉，周密. 粮食安全与社会稳定双重视阈下粮食适度规模经营研究 [J]. 求索，2017（3）：113 - 117.

模经营。①

粮食适度规模经营是我国农业发展的必然趋势。为促进粮食适度规模经营，可以采取以下六种方式②：①加强对家庭农场以及种粮大户的规范培养，发挥适度规模经营主体的示范作用。②完善农村土地流转机制，实现粮食适度规模经营的稳定性。③统一进行农田基础设施建设，为粮食适度规模经营创造优越的基础条件。④建立和完善社会化服务体系，实现粮食适度规模经营的专业化、高标准生产。⑤以市场为导向，实现粮食适度规模经营的可持续发展。⑥加快探索建立现代农村金融制度，满足新型主体发展的投资需求。

59. 什么是粮食主产区利益补偿机制？

粮食主产区高效生产是保障我国粮食安全的"压舱石"。为确保粮食主产区生产积极性，国务院制定了完善粮食主产区利益补偿机制、增加中央财政对产粮大县的奖励、新增农业补贴向粮食主产区和优势产区集中的政策。

目前对粮食主产区利益补偿机制没有确切的定义，根据实践，可以将其定义为，对粮食主产区由于放弃其他高利润产业、主产低利润的粮食进而造成的经济利益减损给予适当适度的补偿，保障粮食主产区利益上不受损，粮食生产者经济上不吃亏，持续保持粮食主产区的粮食生产积极性，以确保国家粮食安全的制度安排③。

---

① 财政部，农业部.财政部 农业部有关负责人就调整完善农业三项补贴政策答问 [EB/OL].（2015－05－22）.

② 卫荣.基于经营主体视角下的粮食生产适度规模研究 [D].北京：中国农业科学院，2016.

③ 李铜山，李嘉明.健全粮食主产区利益补偿机制研究 [J].农村·农业·农民（B版），2023（7）：17－19.

目前我国粮食主产区利益补偿主要体现在以下三个方面[①]：①直接对粮食主产区生产者的补贴。粮食直补资金从粮食风险基金中安排，由中央和地方财政共同筹集[②]。②对粮食主产区的地方区位补贴。粮食主产区区位补贴主要是国家对产粮大省、产粮大县拨付财政资金的奖励政策。③主产区和主销区之间的利益平衡。国家出台相应的政策，在粮食主产区和主销区之间实行"谁收益谁补偿"的利益协调机制。

健全主产区利益补偿机制，应加强顶层设计，明晰政策目标，坚持贡献与补偿相匹配，加大补偿力度，完善补偿保障机制。

60. 县级以上地方人民政府在粮食生产方面分别履行什么职责？

县级以上地方人民政府包括县级人民政府、地市级人民政府和省级人民政府。县级人民政府是维护区域粮食安全的第一责任主体，在粮食生产方面承担的主要责任是：稳定发展粮食生产，巩固和提高粮食生产能力，实现稳产增产。具体而言，根据《粮食安全保障法》第二十条、第二十一条，县级以上人民政府应当统筹做好肥料、农药、农用薄膜等农业生产资料稳定供应工作，引导粮食生产者科学施用化肥、农药，合理使用农用薄膜，增施有机肥料。此外，县级以上人民政府还应组织开展水土流失综合治理、土壤污染防治和地下水超采治理，以保障粮食安全高效生产。

地市级政府是县级人民政府的上一级单位，在粮食生产方面承担的主要责任是：统筹本行政区域内粮食生产发展，制定粮食生产

---

① 王洁蓉，何蒲明. 粮食主产区利益补偿对粮食安全的影响研究［J］. 农业经济，2017（2）：10-12.

② 乔鹏程. 我国粮食主产区利益补偿政策研究［J］. 河南社会科学，2014，22（6）：81-84.

指导意见，实行严格的耕地保护制度，改善粮食生产条件，加强粮食生产技术服务，加大对粮食生产的扶持力度，扶持粮食生产企业发展。[1]

省级人民政府必须切实承担起保障本地区粮食安全的主体责任，推进粮食安全党政同责考核，落实好财政、税收支持政策，全面加强粮食生产、储备和流通能力建设，稳定发展粮食生产，巩固和提高粮食生产能力，切实保护种粮积极性。此外，省级人民政府还应研究加强粮食生产技术推广、农机装备研发应用、种业振兴、重大病虫疫情防控、农田基础设施建设、耕地保护、粮食产地环境治理等保障粮食生产的政策措施[2]，以确保粮食生产安全。具体而言，根据《粮食安全保障法》第十九条、第二十六条和第二十八条，省级以上人民政府应当建立种子储备制度，主要用于发生灾害时的粮食生产需要及余缺调剂；省级以上人民政府应当通过预算安排资金，支持粮食生产；省、自治区、直辖市人民政府可以根据本行政区域实际情况，建立健全对产粮大县的利益补偿机制，提高粮食安全保障相关指标在产粮大县经济社会发展综合考核中的比重。

61. 粮食生产者在粮食生产方面需要履行哪些义务？享有哪些权利？

粮食生产者在粮食生产方面应当履行的义务包括：

（1）保护耕地。根据《粮食安全保障法》第十三条的规定，耕地应当主要用于粮食和棉、油、糖、蔬菜等农产品及饲草饲料生产。粮食生产者应当积极保护耕地，不得擅自改变土地用途或破坏

---

① 《厦门经济特区粮食安全保障规定》（厦门市第十六届人民代表大会常务委员会公告第 6 号）。
② 《广东省人民政府办公厅关于同意调整完善广东省粮食安全保障工作部门间联席会议制度的函》（粤办函〔2022〕312 号）。

耕地资源。

（2）环境保护与可持续发展。根据《粮食安全保障法》第十八条、第二十一条的规定，国家加强粮食作物种质资源保护开发利用，加强水资源管理和水利基础设施建设，优化水资源配置，保障粮食生产合理用水需求。粮食生产者需承担保护环境、合理利用资源、实行可持续耕作方法的责任，合理利用种质与水资源。

（3）保障粮食生产安全。根据《粮食安全保障法》第二十条的规定，县级以上人民政府应当引导粮食生产者科学施用化肥、农药，合理使用农用薄膜，施有机肥料。粮食生产者在使用农药、化肥等农业投入品时，应确保使用安全、有效，防止对环境和农产品造成污染。

（4）粮食作物病虫害防治。根据《粮食安全保障法》第二十四条的规定，粮食生产者应当做好粮食作物病虫害防治工作，并对各级人民政府及有关部门组织开展的病虫害防治工作予以配合。

（5）保障粮食产量。根据《粮食安全保障法》第二十六条的规定，粮食主产区应当不断提高粮食综合生产能力，粮食主销区应当稳定和提高粮食自给率，粮食产销平衡区应当确保粮食基本自给。

粮食生产者享有以下权利：

（1）获取资源的权利。根据《粮食安全保障法》第十八条的规定，国家鼓励粮食作物种子科技创新和产业化应用，支持开展育种联合攻关，培育具有自主知识产权的优良品种。生产者有权合理利用生产粮食所需的自然资源，包括土地、水和种子。

（2）获取信息和技术的权利。根据《粮食安全保障法》第二十三条的规定，国家加强农业技术推广体系建设，支持推广应用先进适用的粮食生产技术，因地制宜推广间作套种等种植方法，鼓励创新推广方式，提高粮食生产技术推广服务水平，促进提高粮食单产。粮食生产者有权获得国家在粮食生产方面的技术支持、参加培训的机会、信息服务等，以提高粮食生产的效率和质量。

（3）组织参与权、决策权。根据《粮食安全保障法》第二十七条的规定，国家扶持和培育家庭农场、农民专业合作社等新型农业经营主体从事粮食生产，鼓励其与农户建立利益联结机制，提高粮食生产能力和现代化水平。

（4）收益权。根据《粮食安全保障法》第二十六条的规定，国家健全粮食生产者收益保障机制，以健全市场机制为目标完善农业支持保护制度和粮食价格形成机制，促进农业增效、粮食生产者增收，保护粮食生产者的种粮积极性。粮食生产者有权获得其生产的粮食的合法收益，包括直接销售粮食所得以及政府提供的各类补贴和奖励。

案例7　全国粮食生产先进县——枣阳①

湖北省襄阳市枣阳市作为全国产粮大县，在粮食生产方面取得了显著成绩。国家统计局湖北调查总队 2023 年年底公布的数据显示，2023 年枣阳市粮食总产量 127.43 万吨，同比增长 0.33％，稳居全省前两名，全市粮食产量已连续 13 年稳定在 120 万吨以上。枣阳农产品生产贡献力位列全国百强县前列，其粮油产业也首屈一指，多次获评"全国粮食生产先进县（市）""湖北省三农发展成绩突出县（市）"。

枣阳始终把确保重要农产品特别是粮食供给作为首要任务，全方位夯实粮食安全基础，通过补短板、强科技、提能力，做到产能提升、机构优化、韧性增强、收益保障、责任压实。

（1）守住耕地红线，建设高标准农田。枣阳市成立以市长为组长的土壤普查工作领导小组，在机制、经费、技术上全力保障，以普查为基础，强力推进耕地"非粮化"清理整改，确保了良田粮用。在地方财政资金和债券额度有限的情况下，连续多年，

---

① 南阳市农业农村局. 一个全国粮食生产先进县的"种粮经"：看湖北省枣阳市如何从产粮大县向优粮强县蜕变［EB/OL］. 2024 - 01 - 09.

枣阳市将高标准农田配套项目建设资金1亿多元纳入市本级政府投资计划，安排一般债券资金予以保障。截至目前，枣阳市实施高标准农田项目总面积达170万亩，约占207万亩永久基本农田的82%。全市农业生产条件显著改善，据测算，枣阳市近年来通过高标准农田建设提高耕地质量后，耕地亩平均可增收200元以上。

（2）种优质稻种，应用农业高新技术。2023年，枣阳市政府统筹300万元市级财政资金建设了1.5万亩绿色优质水稻基地，打造枣阳帝香米优质稻米品牌。合作社的1 200亩稻基地位列其中，改种高端优质稻品种"又香优龙丝苗"。此外，种肥同播技术的运用也让合作社的麦田不仅出苗率高，还节省了肥料，提高了耕种效率。测土配方施肥、农机深松整地、基于北斗的智慧田间管理系统应用，让良田能产更多好粮。2023年小麦和稻谷收割时恰逢连阴雨，合作社连续3个多月提供的粮食烘干服务，为周边乡镇村民解决了过去遭雨淋粮食霉变品质下降等问题。

（3）因地制宜，培育新型农业经营主体。主体小农模式带来的生产效率低、土地利用率低等问题，日渐成为推进农业现代化的瓶颈困惑。枣阳市七方镇梁家村党支部组织全村党员共同商议，决定成立梁家村股份经济合作社，农户以土地经营权入股，合作社开展土地平整、消除地块壁垒，由合作社集中统一经营或出租给有实力的农业企业等新型农业主体经营，合作社对农户实行"保底分红＋二次分红"。目前，合作社入股农户165户，入股面积2 657.7亩，流转率达78.2%，村民收入显著提高。

第四章 管好用好储备粮

62. 当前的政府粮食储备体系是什么？

根据粮食储备主体的不同，可以将我国粮食储备分为政府储备和社会储备。根据《粮食安全保障法》第二十九条，政府粮食储备分为中央政府储备和地方政府储备。政府粮食储备用于调节粮食供求、稳定粮食市场、应对突发事件等。具体如下：

（1）中央储备粮。根据《中央储备粮管理条例》[①]，中央储备粮是中央政府储备的用于调节全国粮食供求总量，稳定粮食市场，以及应对重大自然灾害或者其他突发事件等情况的粮食和食用油。国家实行中央储备粮垂直管理体制，地方各级人民政府及有关部门应当对中央储备粮的垂直管理给予支持和协助。国务院发展改革部门及国家粮食行政管理部门会同国务院财政部门负责拟订中央储备粮规模总量、总体布局和动用的宏观调控意见，对中央储备粮管理进行指导和协调；国家粮食行政管理部门负责中央储备粮的行政管理，对中央储备粮的数量、质量和储存安全实施监督检查。

（2）地方储备粮。根据各地方储备粮管理办法，地方储备粮是县级以上人民政府储备的用于调节本行政区域内粮食供求，稳定粮食市场，应对重大自然灾害或者其他突发事件等情况的原粮、成品

---

① 《中央储备粮管理条例》经 2003 年 8 月 6 日国务院第 17 次常务会议通过，2003 年 8 月 15 日国务院令（第 388 号）公布，历经 2011 年、2016 年二次修订。

粮和食用植物油。地方储备粮以省级储备为主，设区的市和县（市、区）级储备为辅，实行分级储备、分级管理、分级负责。

❸ 国务院对政府粮食储备的品种结构和区域布局有哪些规定？

国务院对政府粮食储备的品种结构和区域布局有明确的规定，主要体现在《中央储备粮管理条例》《关于完善粮食流通体制改革政策措施的意见》①《关于建立健全粮食安全省长责任制的若干意见》② 等文件中，旨在确保国家粮食安全和有效应对各类风险：

（1）品种结构。中央储备粮的储存规模、品种和总体布局方案，由国务院发展改革部门及国家粮食行政管理部门会同国务院财政部门，根据国家宏观调控需要和财政承受能力提出，报国务院批准。进一步充实地方粮食储备，改善储备粮布局和品种结构，大中城市要适当增加成品粮油储备。

（2）区域布局。要按照"产区保持 3 个月销量、销区保持 6 个月销量"的要求，核定和充实地方储备粮规模，粮食供给比较薄弱的产销平衡区，可比照销区确定地方储备粮规模。进一步优化储备粮布局，落实储备费用和利息补贴资金，完善轮换管理和库存监管机制。定期将地方粮食储备品种、数量和布局等信息报送国家有关部门。

❹ 国家对中央储备粮的收购、销售、轮换、动用有哪些规定？

《粮食流通管理条例》《中央储备粮管理条例》等法律法规对政府粮食储备的收购、销售、轮换、动用有着详细的规定：

---

① 《国务院关于完善粮食流通体制改革政策措施的意见》（国发〔2006〕16 号）。

② 《国务院关于建立健全粮食安全省长责任制的若干意见》（国发〔2014〕69 号）。

（1）政府粮食储备收购。国有粮食企业应当积极收购粮食，并做好政策性粮食购销工作，服从和服务于国家宏观调控。对符合贷款条件的粮食收购者，银行应当按照国家有关规定及时提供收购贷款。中国农业发展银行应当保证中央和地方储备粮以及其他政策性粮食的信贷资金需要，对国有粮食企业、大型粮食产业化龙头企业和其他粮食企业，按企业的风险承受能力提供信贷资金支持。政策性粮食收购资金应当专款专用，封闭运行。

（2）政府粮食储备销售。中国储备粮管理总公司根据中央储备粮的收购、销售计划，具体组织实施中央储备粮的收购、销售。

（3）政府粮食储备轮换。中央储备粮实行均衡轮换制度，每年轮换的数量一般为中央储备粮储存总量的 20％至 30％。中国储备粮管理总公司应当根据中央储备粮的品质情况和入库年限，提出中央储备粮年度轮换的数量、品种和分地区计划，报国家粮食行政管理部门、国务院财政部门和中国农业发展银行批准。中国储备粮管理总公司在年度轮换计划内根据粮食市场供求状况，具体组织实施中央储备粮的轮换。

（4）政府粮食储备动用。国务院发展改革部门及国家粮食行政管理部门，应当完善中央储备粮的动用预警机制，加强对需要动用中央储备粮情况的监测，适时提出动用中央储备粮的建议。

出现下列情况之一的，可以动用中央储备粮：全国或者部分地区粮食明显供不应求或者市场价格异常波动；发生重大自然灾害或者其他突发事件需要动用中央储备粮；国务院认为需要动用中央储备粮的其他情形。

动用中央储备粮，由国务院发展改革部门及国家粮食行政管理部门会同国务院财政部门提出动用方案，报国务院批准。动用方案应当包括动用中央储备粮的品种、数量、质量、价格、使用安排、运输保障等内容。

国务院发展改革部门及国家粮食行政管理部门，根据国务院批准的中央储备粮动用方案下达动用命令，由中国储备粮管理总公司具体组织实施。紧急情况下，国务院直接决定动用中央储备粮并下达动用命令。国务院有关部门和有关地方人民政府对中央储备粮动用命令的实施，应当给予支持、配合。任何单位和个人不得拒绝执行或者擅自改变中央储备粮动用命令。

65. 粮食领域的商业性经营业务范围是什么？

粮食领域的商业性经营业务范围广泛，涵盖了从粮食的生产到最终消费的各个环节，旨在满足市场需求，提高企业效益，并确保国家粮食安全，具体包括以下方面。①粮食收购：从农民或农户处购买各种类型的粮食，如小麦、大米、玉米、大豆等。②粮食仓储：提供粮食仓储服务，包括仓库建设、管理和运营，确保粮食的安全储存。③粮食加工：将原粮进行加工，生产出各种食品或半成品，以满足市场和消费者的不同需求。④粮食销售：可以通过批发、零售、电商等渠道销售加工后的粮食产品。⑤粮食批发：除了零售，粮食的商业性经营还包括批发活动，这涉及大量的粮食交易和分销。⑥粮食贸易：进行粮食的国内和国际贸易，包括进口、出口以及跨境贸易。⑦粮食物流：提供粮食运输、物流服务，确保粮食从产地到消费地的顺畅流通。①② ⑧粮食市场信息服务：提供粮食市场信息、行情分析等服务，为生产者和经营者提供决策参考。③ ⑨内联外引，以聚合优势创新业务经营发展。例如，国有企业德州军粮食品产业集团有限公司统筹仓储资源优势，搞好贸易经营；坚持市场化、多元化的发展理念，积极拓展周边优质仓储资源，与东北三省、河南、河北等地行业龙头企业建立良好合作关系，优化北方市场战略布局；大力开展购销业务，进一步拓宽业务范围，盈利能力显著增强。④

66. 什么是储备粮食质量安全检验监测制度？

根据《粮食质量安全监管办法》⑤，国家粮食和储备行政管理部门应当建立健全国家粮食质量安全检验监测体系，根据开展粮食质量检验监测等工作的需要，依托现有粮食检验监测资源，择优选用基础较好的粮食质量安全检验机构，委托承担检验监测任务。省级以上粮食和储备行政管理部门应当加强对粮食质量安全检验监测业务的管理和指导，通过现场检查、标准物质测量审核、样品比对

① 谢安忠. 商业性经营的途径和对策 [J]. 中国粮食经济，1996（4）：25 - 27.

② 浙江省粮食局. 决不放松政策性业务 积极发展商业性经营：浙江省粮食系统多种经营工作情况 [J]. 中国粮食经济，1996（4）：34 - 37.

③ 韩志刚，郑永祥. 粮食商业性经营成功诀窍揭秘 [J]. 粮食问题研究，1997（10）：37 - 38.

④ 张丽娜. 德州军粮集团围绕"二次创业、三年倍增"战略目标任务 心怀"国之大者"扛稳粮食安全责任 [N]. 德州日报，2023 - 10 - 30.

⑤ 《粮食质量安全监管办法》（中华人民共和国国家发展和改革委员会令〔2023〕第 4 号）。

等方式，提升粮食质量安全检验监测能力，充分发挥粮食质量安全检验机构的作用。县级以上地方粮食和储备行政管理部门应当按照落实粮食安全责任制的要求，建立健全粮食质量安全检验监测体系，加强能力建设，确保能够履行相应职责。

根据《粮食质量安全风险监测管理暂行办法》，粮食质量安全风险监测是系统性收集粮食质量品质、污染情况以及粮食中有害因素的监测数据及相关信息，并综合分析、及时报告和通报的活动，包括收购粮食质量安全监测、库存粮食质量安全监测、应急粮食质量安全监测和其他专项粮食质量安全监测。

各级粮食和储备部门根据监测工作需要，各司其职，发挥不同职能[①]：

（1）国家粮食和储备部门组织开展国家级风险监测，督促、指导省级粮食和储备部门组织实施当地风险监测工作。国家粮食和储备部门垂直管理机构具体负责辖区内中央政府储备粮食质量安全风险监测。地方粮食和储备部门根据国家级风险监测内容，结合本行政区域具体情况和质量安全监管需要，组织开展本行政区域风险监测，并按规定实施上级粮食和储备部门组织的风险监测工作。

（2）粮食企业应当不断加强粮食质量安全内部质量管控，完善收购、储存粮食质量安全自检制度，强化库存粮食温度、湿度和生虫、生霉等测控，全面落实质量安全主体责任。

（3）各级粮食和储备部门应当根据监测工作需要，建立健全风险监测网络。开展风险监测工作应当充分利用现有各级粮食质量安全检验机构资源和优质粮食工程质量安全检验监测体系建设成果，充分发挥其职能作用，切实提高仪器设备利用率。

（4）国家粮食和储备部门建立健全国家粮食质量安全数据库，

---

① 《粮食和储备局关于印发〈粮食质量安全风险监测管理暂行办法〉的通知》（国粮标规〔2022〕30号）。

统筹利用有关全国风险监测数据和信息资源。省级粮食和储备部门建立本省份粮食质量安全数据库。粮食和储备部门应当统筹调度各项风险监测任务，规范采样活动，强化监测数据的收集、整理、综合分析、结果报送和运用，严格监测工作的质量控制和督导考评。

（5）各级粮食和储备部门开展必要风险监测活动所需经费，按程序纳入本级部门预算，不得向监测对象收取。

67. 粮食储备的质量安全标准是什么？

根据《粮食质量安全监管办法》，粮食经营者储存粮食应当严格执行储粮药剂使用管理制度和相关标准，不得使用国家禁止使用的化学药剂或者超量使用化学药剂；应当遵守粮油仓储管理制度规定和相关标准，规范仓储管理业务，合理应用粮油储藏技术。

根据《粮油仓储管理办法》[①]《政府储备粮食仓储管理办法》[②]，粮油仓储单位应当及时对入库粮油进行整理，使其达到储存安全的要求，并按照不同品种、年份、等级、性质、权属，采用独立仓廒分开储存（洞库、地下仓分货位储存），不得与其他粮食混存。仓号一经确定，在储粮周期内不得变动。在常规储存条件下，粮油正常储存年限一般为小麦 5 年，稻谷和玉米 3 年，食用油脂和豆类 2 年。

根据《稻谷储存品质判定规则》（GB/T 20569—2006）、《小麦储存品质判定规则》（GB/T 20571—2006）、《玉米储存品质判定规则》（GB/T 20570—2015），稻谷、小麦、玉米储存品质判定规则分别如表 4-1、表 4-2、表 4-3 所示。

[①] 《粮油仓储管理办法》（中华人民共和国国家发展和改革委员会令第 5 号）。
[②] 《国家粮食和物资储备局关于印发〈政府储备粮食仓储管理办法〉的通知》（国粮仓规〔2021〕18 号）。

表 4-1　稻谷储存品质指标

项目	籼稻谷			粳稻谷		
	宜存	轻度不宜存	重度不宜存	宜存	轻度不宜存	重度不宜存
色泽、气味	正常	正常	基本正常	正常	正常	基本正常
脂肪酸值（KOH/干基）/（mg/100g）	≤30.0	≤37.0	>37.0	≤25.0	≤35.0	>35.0
品尝评分值/分	≥70	≥60	<60	≥70	≥60	<60

注：其他类型稻谷的类型归属，由省、自治区、直辖市粮食行政管理部门规定，其中省间贸易的按原产地规定执行。

表 4-2　小麦储存品质指标

项目	宜存	轻度不宜存	重度不宜存
色泽、气味	正常	正常	基本正常
面筋吸水量/（%）	≥180	<180	—
品尝评分值/分	≥70	≥60 且 <70	<60

表 4-3　玉米储存品质指标

项目	宜存	轻度不宜存	重度不宜存
色泽、气味	正常	正常	基本正常
脂肪酸值（KOH/干基）/（mg/100g）	≤65	≤78	>78
品尝评分值/分	≥70	≥60	<60

68. 承储政府粮食储备的企业或者其他组织在粮食储备方面需要履行哪些义务？享有哪些权利？

受委托承储政府粮食储备的企业或组织受特定义务约束，享有一定权利，主要包括以下方面。

（1）承储政府粮食储备企业/组织的义务。

①根据《粮食安全保障法》第三十一条，承储政府粮食储备的

企业或者其他组织应当保证政府粮食储备账实相符、账账相符，实行专仓储存、专人保管、专账记载，不得虚报、瞒报政府粮食储备数量、质量、品种。承储政府粮食储备的企业或者其他组织应当执行储备粮食质量安全检验监测制度，保证政府粮食储备符合规定的质量安全标准、达到规定的质量等级。

②根据《中央储备粮管理条例》，中央储备粮代储企业应当履行以下义务：

遵守行政法规和管理制度。中央储备粮代储企业储存中央储备粮，应当严格执行国家有关中央储备粮管理的行政法规、规章、国家标准、技术规范和中国储备粮管理总公司制定的各项业务管理制度。

保证中央储备粮质量安全。中央储备粮代储企业必须保证入库的中央储备粮达到收购、轮换计划规定的质量等级，并符合国家规定的质量标准。

保证中央储备粮储存环境安全。中央储备粮代储企业应当建立、健全中央储备粮的防火、防盗、防洪等安全管理制度，并配备必要的安全防护设施。

保证轮换计划顺利执行。中央储备粮代储企业不得将中央储备粮轮换业务与其他业务混合经营；应当在轮换计划规定的时间内完成中央储备粮的轮换。

中央储备粮代储企业不得以中央储备粮对外进行担保或者对外清偿债务；不得以低价购进高价入账、高价售出低价入账、以旧粮顶替新粮、虚增入库成本等手段套取差价，骗取中央储备粮贷款和贷款利息、管理费用等财政补贴。

③通过梳理各地方储备粮管理办法，依法承担地方储备粮储备任务的企业履行的义务包括但不限于：

保证承储粮质量安全。承储企业（包括中国储备粮管理总公司直属企业、中央储备粮代储企业）应当定期对地方储备粮储存管理状况进行安全检查和隐患整治；发现地方储备粮的数量、质量、品种和储存安全等方面存在问题，应当及时处理并报告粮食和储备行政管理部门。

遵守储备管理制度。承储企业应当严格按照政策性职能和经营性职能分开的原则，建立健全储备运营管理制度，实行人员、实物、财务、账务管理分离。

（2）承储储备粮企业/组织的权利。

①享受费用补贴。承储中央储备粮的企业/组织有权获得储存和管理储备粮的费用补贴，由中国储备粮管理总公司按照国务院财政部门的有关规定，通过中国农业发展银行补贴专户，及时、足额将中央储备粮的管理费用补贴拨付到承储企业。① 承储地方储备粮的承储企业由省人民政府粮食和物资储备行政主管部门按照有关规定，通过省农业发展银行补贴专户，及时、足额拨付到承储企业。② 承储企业若因不可抗力造成亏损，经核实后可报本级人民政府批准后由本级财政承担。③

②享受支持扶助。各级财政部门应当对承储主体储备粮仓储设施的日常维护和修缮给予适当支持。④ 市政府鼓励地方政府储备承储企业采用储粮新技术、新工艺、新设备，改善储粮条件。⑤

③受法律保护。根据相关法律规定，承储储备粮的企业/组织在遵守法律规章的基础上，若在承储期间发生纠纷或冲突，可以通过法律途径寻求帮助，有关单位应以公平、公正和透明的方式处理申诉或争议。

---

① 《中央储备粮管理条例》经 2003 年 8 月 6 日国务院第 17 次常务会议通过，2003 年 8 月 15 日国务院令（第 388 号）公布，历经 2011 年、2016 年二次修订。

② 《安徽省粮食储备管理办法》（安徽省人民政府令〔2021〕302 号）。

③ 《河南省储备粮管理办法》（河南省人民政府令〔2021〕206 号）。

④ 《宁夏回族自治区地方储备粮管理条例》经 2007 年 11 月 9 日宁夏回族自治区第 9 届人民代表大会常务委员会第三十一次会议通过，历经 2015 年、2023 年二次修订。

⑤ 《天津市地方粮食储备管理条例》经 2021 年 5 月 26 日天津市第十七届人民代表大会常务委员会第二十七次会议通过。

案例 8 某粮农集团王某某违规销售储备粮、违规管理专项资金、受贿案[①]

2017 年 12 月，为从账面上减少某粮农集团下属的某米业公司亏损，王某某在无储备粮轮换计划的情况下，安排下属单位总经理史某某提前轮换销售 3.89 万余吨省级储备稻谷。因担心该问题被全国储备粮安全大检查发现，王某某安排时任下属单位董事长索某某伪造轮换审批手续，瞒过上级检查，造成空库 8 个月、亏库 12 个月。王某某任职期间，某粮农集团违规决策开展委托贷款及融资理财业务 13 笔。尤其是在 2017 至 2020 年期间，某粮农集团挪用某省储备粮管理集团有限公司资金借款给相关企业，给粮食专项资金安全带来重大风险隐患。王某某利用职务便利，在粮库智能化升级改造项目、粮食业务经营等方面，为他人谋取利益，收受贿赂 675 万余元。

2022 年 2 月，某省纪委监委对王某某涉嫌严重违纪违法问题立案审查调查并采取留置措施。2022 年 9 月，王某某被开除党籍，取消退休待遇。2023 年 1 月，王某某因犯受贿罪、国有公司人员滥用职权罪、国有公司人员失职罪，数罪并罚被判处有期徒刑十二年六个月，并处罚金人民币八十万元，违法所得上缴国库。

🕖 什么是企业社会责任储备？

2019 年《关于改革完善体制机制加强粮食储备安全管理的若干意见》提出"企业储备分为社会责任储备和商业库存。企业社会责任储备是粮食加工企业依据法律法规明确的社会责任所建立的库

[①] 宋雨，蒋玉涛.镜鉴丨粮仓岂容"硕鼠"贪婪终食恶果 [EB/OL].中央纪委国家监委网站，2023－05－24.

存，依照法定程序动用""地方政府按照总量合理、渐进到位、政策引导、压实责任原则，督促指导规模以上粮食加工企业建立企业社会责任储备"。

2021年以来，国家和省级行政单位陆续颁布了《关于建立粮食加工企业社会责任储备的指导意见（试行）》，积极探索建立企业社会责任储备，推动形成政府储备与企业储备功能互补、协同高效的新格局。根据各地颁布的《关于建立粮食加工企业社会责任储备的指导意见（试行）》，企业社会责任储备品种主要为小麦、稻谷等原粮及其成品粮以及食用植物油，且应以成品粮油为主。储备规模数量按照企业上年度加工经营情况，结合本地政府储备和粮食供需情况确定。具体规模数量由各地粮食行政管理部门会同财政、农发行等部门研究确定，报本级政府批准后实施。不得以政府储备库存代替社会责任储备库存。

就实施范围而言，社会责任储备先在规模以上粮食加工企业试点推行。规模以上粮食加工企业，根据国家统计部门年主营业务收入在2 000万元及以上的法人工业企业，或本地重点骨干粮食加工企业的口径，并按一定条件予以确认。以浙江省为例，全省11个市规模以上粮食加工企业应当建立社会责任储备。2021年可首先在规模以上重点大米加工骨干企业中试行，2022年在所有规模以上大米加工企业中开展，2023年在所有规模以上米、面、油加工企业中推开。①

建立社会责任储备的企业享受政策支持。市（自治州）、县（市、区）粮食和储备管理部门对建立社会责任储备的粮食加工企业，在粮食仓储设施建设、优质粮食工程、委托承担政策性粮食购

---

① 《浙江省财政厅印发关于建立粮食加工企业社会责任储备的指导意见（试行）的通知》（浙粮〔2021〕9号）。

销等方面给予支持。①

70. 县级以上人民政府在粮食储备方面应当履行哪些职责？

根据《粮食安全保障法》第三十二条至三十四条，县级以上人民政府在粮食储备方面应当履行如下职责：

（1）县级以上地方人民政府应当根据本行政区域实际情况，指导规模以上粮食加工企业建立企业社会责任储备，鼓励家庭农场、农民专业合作社、农业产业化龙头企业自主储粮，鼓励有条件的经营主体为农户提供粮食代储服务。

（2）县级以上人民政府应当加强粮食储备基础设施及质量检验能力建设，推进仓储科技创新和推广应用，加强政府粮食储备管理信息化建设。

（3）县级以上人民政府应当将政府粮食储备情况列为年度国有资产报告内容，向本级人民代表大会常务委员会报告。

除此之外，省、自治区、直辖市颁布的地方储备粮管理办法也对县级以上人民政府履行职责做了规定，主要包括以下几个方面：

（1）县级以上人民政府应当加强对储备粮管理工作的组织领导，统筹推进储备粮管理工作，协调解决重大问题，切实保障储备粮安全。

（2）县级以上人民政府发展改革、国有资产监督管理、农业农村、应急管理、市场监督管理、交通运输、统计等有关部门，按照各自职责，依法做好储备粮相关工作。

（3）设区的市和县级人民政府在确保完成省级人民政府下达的储备规模基础上，可以根据本行政区域粮食调控需要确定本级储备

---

① 《吉林省粮食和物资储备局关于印发〈关于建立粮食加工企业社会责任储备的指导意见〉的通知》（吉粮调〔2022〕22号）。

粮规模。建立原粮储备的县级以上人民政府应当建立原粮轮换风险防范机制，防范机制具体办法由本级粮食和储备行政管理部门会同财政等有关部门制定。

（4）市和区人民政府应当根据国家有关规定和粮食应急需要，在地方政府储备中建立适度规模的成品粮油储备。[①]

（5）省级人民政府根据国家规定，结合本行政区域经济社会发展和人口变化情况，确定和调整省级储备粮规模和品种。省发展改革、粮食和储备行政管理部门应当会同财政部门提出省级储备粮规模、品种和总体布局方案，每三至五年核定一次，报省级人民政府批准后实施。设区的市和县级储备粮财政补贴管理制度，由本级人民政府参照省级相关规定制定。

---

① 《天津市地方粮食储备管理条例》经 2021 年 5 月 26 日天津市第十七届人民代表大会常务委员会第二十七次会议通过。

第五章　做好粮食市场和流通这篇大文章

71 粮食经营者具体包括哪些主体？

根据《粮食流通管理条例》，粮食经营者，是指从事粮食收购、销售、储存、运输、加工、进出口等经营活动的自然人、法人和非法人组织。粮食商品流通主体通过粮食收购、销售、储存、运输、加工等经营环节实现粮食流转。粮食收购和销售是完成粮食流通的关键业务，粮食储存、运输、加工等活动都是围绕粮食购销展开的。

粮食收购是指向种粮农民、其他粮食生产者或者粮食经纪人、

农民专业合作社等批量购买粮食的活动。① 粮食收购主体包括：①农村粮商或粮食经纪人；②粮食加工企业，包括国有、民营和外资粮食加工企业；③粮食收储企业，包括国有和民营粮食收储企业。

粮食销售包括原粮销售和成品粮销售两种类型。原粮销售包括粮食生产者向粮食收购主体销售粮食、农村粮商或粮食经纪人向粮食加工企业或粮食收储企业销售粮食、粮食收储企业向市场销售粮食、专门从事粮食购销业务的粮食企业向其他企业销售粮食等，所以原粮销售主体包括粮食生产者、农村粮商或粮食经纪人、粮食商业企业等。成品粮销售包括成品粮批发和成品粮零售，其中成品粮批发又包括厂家批发和批发商批发。成品粮批发商，是指将所购进的成品粮出售给零售商的流通主体。成品粮零售商，是指将成品粮直接销售给最终消费者的流通主体。粮食零售商是粮食产品从生产者到消费者的最后一个环节，直接与消费者联系。超市、连锁店、粮油店等组织形式是粮食零售的主要渠道。②

72 国家对粮食市场实行的主要调控手段有哪些？

根据《粮食流通管理条例》，国家采取政策性粮食购销、粮食进出口等多种经济手段和必要的行政手段，加强对粮食市场的调控，保持全国粮食供求总量基本平衡和市场基本稳定。主要调控手段包括：

（1）政策性粮食收储。为保障市场供应、保护种粮农民利益，必要时可由国务院根据粮食安全形势，结合财政状况，决定对重点粮食品种在粮食主产区实行政策性收储。

（2）粮食储备政策。国家实行中央和地方分级粮食储备制度。粮食储备用于调节粮食供求、稳定粮食市场，以及应对重大自然灾

---

① 《贵州省人民政府办公厅关于印发贵州省粮食收购管理办法的通知》（黔府办发〔2023〕3号）。

② 曹宝明．江苏粮食产业发展报告［M］．北京：经济管理出版社，2017.

害或者其他突发事件等情况。

（3）政策性粮食采购和销售。主要包括对国家临时储备的粮食公开竞拍及定向销售，专项储备的轮换、抛售。

（4）粮食监测和预警。国务院发展改革部门及国家粮食和储备行政管理部门会同国务院农业农村、统计、市场监督管理等部门负责粮食市场供求形势的监测和预警分析，健全监测和预警体系，完善粮食供需抽查制度，发布粮食生产、消费、价格、质量等信息。

（5）粮食应急机制。在重大自然灾害、重大疫情或者其他突发事件引起粮食市场供求异常波动时，国家实施粮食应急机制。

（6）粮食价格干预。当粮食价格显著上涨或者有可能显著上涨时，国务院和省、自治区、直辖市人民政府可以按照《中华人民共和国价格法》（以下简称《价格法》）的规定，采取价格干预措施。

（7）粮食产业政策。国家鼓励粮食主产区和主销区以多种形式建立稳定的产销关系，鼓励培育生产、收购、储存、加工、销售一体化的粮食企业，支持建设粮食生产、加工、物流基地或者园区，加强对政府储备粮油仓储物流设施的保护，鼓励发展订单农业。在执行政策性收储时国家给予必要的经济优惠，并在粮食运输方面给予优先安排。

（8）粮食进出口政策。加入 WTO 后，我国对小麦、玉米、大米、棉花等重要农产品采取了关税配额制度，对粮食出口采取了较为灵活的政策。①

73. 国家对粮食市场的宏观调控需要达到什么目标？

根据《粮食流通管理条例》，国家采取多种经济手段和必要的行政手段，加强对粮食市场的调控，保持全国粮食供求总量基本平

---

① 谭砚文，杨重玉，陈丁薇，等 . 中国粮食市场调控政策的实施绩效与评价［J］. 农业经济问题，2014，35（5）：87 - 98，112.

衡和市场基本稳定。具体如下：

（1）保持全国粮食供求总量基本平衡。①调节粮食供求。根据市场需求和产量情况，采取措施调节粮食的供给和需求，避免供大于求或供不应求的情况发生，保持市场平衡。具体表现为国家鼓励粮食主产区和主销区以多种形式建立稳定的产销关系、国家实行中央和地方分级粮食储备制度、对粮食市场供求形势进行监测和预警分析等。②保护种粮农民利益。通过对重点粮食品种在粮食主产区实行政策性收储等政策措施，保护种粮农民利益，提高农业生产者积极性以保障粮食供应稳定。

（2）保持全国粮食市场基本稳定。①保持价格稳定。当粮食价格显著上涨或者有可能显著上涨时，各级政府采取价格干预措施。另外，政策性粮食的采购和销售在稳定市场预期、平抑市场波动中发挥着重要作用。②维持市场秩序。为应对重大自然灾害、重大疫情或者其他突发事件，防止粮食市场出现严重波动，各地区制定本行政区域的粮食应急预案，必要时实施粮食应急机制，维护市场稳定。

🟠74 县级以上人民政府在粮食流通方面应当履行哪些职责？

根据《粮食安全保障法》第三十六条，县级以上地方人民政府应当加强对粮食仓储、物流等粮食流通基础设施的建设和保护，组织建设与本行政区域粮食收储规模和保障供应要求相匹配，布局合理、功能齐全的粮食流通基础设施，并引导社会资本投入粮食流通基础设施建设。

根据《粮食流通管理条例》，县级以上人民政府在粮食流通方面还应当履行以下职责：

（1）省、自治区、直辖市应当落实粮食安全党政同责，完善粮食安全省长责任制，承担保障本行政区域粮食安全的主体责任，在国家宏观调控下，负责本行政区域粮食的总量平衡和地方储备粮等的管理。县级以上地方人民政府粮食和储备行政管理部门应当加强粮食收购管理和服务，规范粮食收购活动。具体管理办法由省、自治区、直辖市人民政府制定。

（2）国务院和地方人民政府建立健全粮食风险基金制度。

（3）国家建立突发事件的粮食应急体系。省、自治区、直辖市人民政府根据本地区的实际情况，制定本行政区域的粮食应急预案。启动省、自治区、直辖市的粮食应急预案，由省、自治区、直辖市发展改革部门及粮食和储备行政管理部门提出建议，报本级人民政府决定，并向国务院报告。设区的市级、县级人民政府粮食应急预案的制定和启动，由省、自治区、直辖市人民政府决定。

（4）县级以上地方人民政府应当加强本行政区域粮食污染监控，建立健全被污染粮食收购处置长效机制，发现区域性粮食污染的，应当及时采取处置措施。

75. 如何界定政府投资建设的粮食流通基础设施？

粮食流通基础设施具有公共品特征，有正外部社会效应，需要政府出资建设。粮食流通基础设施是指在粮食流通过程中处于基础地位，发挥公共服务性作用的粮食收购、储存、加工、销售、运输、检测和信息处理等设施①。根据《政府投资条例》，政府投资是指在中国境内使用预算安排的资金进行固定资产投资建设活动，包括新建、扩建、改建、技术改造等。政府投资资金应当投向市场不能有效配置资源的社会公益服务、公共基础设施、农业农村、生态环境保护、重大科技进步、社会管理、国家安全等公共领域的项目，以非经营性项目为主。政府投资建设的粮食流通基础设施主要

---

① 云南省人民政府．云南省粮食物流基础设施建设"十一五"规划［EB/OL］．2008－05－14．

包括粮食仓储、物流和市场等设施，具体如下①：

（1）粮食仓储设施。包括用于储存粮食的仓库和储存系统，以确保粮食在生产到消费的过程中得到妥善保管，减少损耗。

（2）粮食物流设施。涉及运输粮食的基础设施，如散粮运输系统、装卸设备等，旨在提高粮食从生产地到消费地的运输效率。

（3）粮食市场设施。包括批发市场、交易平台等，这些设施有助于粮食的高效分配和销售。

（4）粮食应急设施。建立应急供应网点，并配备满足经营需要的网络及通信等设施，确保在应急状态下有效发挥粮食应急保障作用。

案例9　湖北省武汉市建设政府储备粮库

近年来，湖北积极推进粮食物流核心枢纽和关键节点建设，对接国家粮食物流枢纽工程，将武汉市打造成粮食物流枢纽城市。2023年9月26日，投资4.8亿元的15万吨储备粮库（江北）项目已开工建设，项目位于新洲区双柳街，毗邻国家粮食现代物流（武汉）基地铁路专用货场，西北侧至天翔路，东侧至江北铁路。粮库建成后该园区将成为华中最大"北粮南运"和进口粮食中转基地，对打造武汉港口型物流枢纽、中部多式联运中心、区域供应链服务平台等具有重要意义。②

武汉市按照三镇地域特点，加快布局建设粮食仓储基础设施。2023年10月24日，武汉市政府储备粮库（经开）项目在汉南开工建设，项目新建22万吨储粮仓库，总投资6.53亿元，依托汉南政治、经济、文化中心的地理区位优势和汉南"双核"

---

① 谷小梅. 浅议政府在地方粮食流通中的角色定位［J］. 产业与科技论坛，2019，18（9）：223-224.

② 王钰. 开工！15万吨储粮仓库目标指向"国内一流"［N］. 长江日报，2023-09-27.

联动战略的政策区位优势，选址武汉经开区纱帽街道通江一路延长线以东、江大路以南，占地225亩。建成后将进一步发挥储备粮库和产业园示范带动作用，完善武汉粮食保障体系，提升全市乃至全省粮食安全保障能力。①

76. 粮食经营者在粮食流通方面需要履行哪些义务？享有哪些权利？

根据《粮食安全保障法》，粮食经营者应当履行如下义务：

（1）任何单位和个人不得侵占、损毁、擅自拆除或者迁移政府投资建设的粮食流通基础设施，不得擅自改变政府投资建设的粮食流通基础设施的用途。

（2）从事粮食收购、储存、加工、销售的经营者以及饲料、工业用粮企业，应当按照规定建立粮食经营台账，并向所在地的县级人民政府粮食和储备主管部门报送粮食购进、储存、销售等基本数据和有关情况。

（3）从事粮食收购、加工、销售的规模以上经营者，应当按照所在地省、自治区、直辖市人民政府的规定，执行特定情况下的粮食库存量。

同时享有如下权利：

（1）自主经营权。依法从事的粮食经营者有权根据自身的经营需要和市场规律自主决定经营方式和经营策略、经营方式以及渠道，以提高经营效益。

（2）根据《粮食流通管理条例》第三条，国家鼓励多种所有制市场主体从事粮食经营活动，促进公平竞争。粮食经营者享受国家提供的粮食经营相关支持政策，包括财政补贴、税收优惠等；享有

---

① 王雪，王忆. 湖北观察｜总投资6.53亿，武汉经开区新建22万吨智能粮库[EB/OL]. 21世纪经济报道，2023-10-25.

合法权益保障，包括合法经营、合法纳税、合法维权等权利。

（3）根据《粮食安全保障法》和《粮食流通管理条例》，依法从事的粮食经营活动受国家法律保护。当依法经营的粮食经营者权益受到侵犯时，粮食经营者有权通过法律途径维护自身合法权益。品牌、商标以及自主研发的技术和产品受法律保护。

║║案例 10 未按规定报送粮食基本数据和有关情况案①

2021 年 11 月至 12 月，某国家粮食储备库销售"托市粮"产生的 132.53 吨定向"升溢粮"（即仅用于加工饲料且不得转手倒卖）给非定向企业某市某饲料有限公司，粮款 29.1676 万元。经调查认定为：某市某饲料有限公司未按规定向某市粮食行政管理部门报送粮食基本数据和有关情况，不能提供定向"升溢粮"出库、粉碎、掺混、出厂等环节的监管资料，违反了《粮食流通管理条例》第二十三条、《中央企业稻谷饲用定向邀标竞价销售方案（修订版）》（国粮粮〔2021〕79 号）等相关规定，情况属实。

2023 年 6 月 6 日，根据《粮食流通管理条例》第四十五条第五款，从事粮食收购、销售、储存、加工的粮食经营者以及饲料、工业用粮企业未建立粮食经营台账，或者未按照规定报送粮食基本数据和有关情况的，由粮食和储备行政管理部门责令改正，给予警告。某市发展改革委责令某市某饲料有限公司改正，并给予警告处罚，现该案件已结案。

🟠 什么是政策性粮食收储制度？

2004 年国务院颁布的《粮食流通管理条例》和下发的《关于进

---

① 丰城市发改委. 丰城市发展改革委关于新增案件行政处罚情况概要［EB/OL］. 丰城市人民政府，2023-12-18.

一步深化粮食流通体制改革的意见》都明确提出，当粮食供求关系发生重大变化时，为保障市场供应、保护种粮农民利益，必要时可由国务院决定对短缺的重点粮食品种在粮食主产区实行最低收购价格。据此，2004 年开始，国家逐步对短缺的主要粮食品种实行最低收购价和临时储存粮食的收储政策，统称政策性粮食收储政策。[①]

临时收储政策是指对（部分大宗）农产品实施临时收购，以稳定农产品价格。2007 年起国家先后在部分主产区收购旺季对玉米、油菜籽、大豆实施临时收储，并委托中储粮集团公司临时储存。2014 年以来，国家已经先后取消大豆、油菜籽和玉米临时收储政策，目前仅在新疆保留小麦临时收储政策。

粮食最低收购价政策是为保护农民利益、保障粮食市场供应而实施的粮食价格调控政策，对种粮农民提供托底保障的同时，增强国家储备调节的物质基础。一般情况下，粮食收购价格受市场供求影响，当市场粮价低于国家确定的最低收购价时，根据国家稻谷、小麦最低收购价执行预案，在粮食主产区实行最低收购价格。

在我国，每年粮食收购涉及多个品种，覆盖全国大部分地区，时间贯穿全年。其中，小麦收购从 5 月下旬到 9 月末；早籼稻收购从 7 月中旬到 9 月末；南方 8 省中晚稻收购从 9 月中旬到次年 1 月末，东北 3 省粳稻收购从 10 月上旬到次年 2 月末。

2018 年，国家粮食和物资储备局等 6 部门联合印发《小麦和稻谷最低收购价执行预案》进一步完善最低收购价政策相关机制，具体包括明确政策执行区域，将政策执行起始时间适当延后，将启动条件由"当粮食市场收购价格下跌到低于国家公布的最低收购价格时"调整为"当粮食市场收购价格持续 3 天低于国家公布的最低收购价时"，明确"当市场收购价格回升到最低收购价水平以上时，

---

① 唐成，李振，徐瑶. 坚持市场化改革取向深化粮食收储制度改革［J］. 经济研究参考，2017（54）：46 - 49.

要及时停止预案实施"，提高最低收购价收购粮食质量等级等。

78. 在调控粮食市场方面，县级以上人民政府及其有关部门可以采取哪些措施？

根据《粮食安全保障法》第四十条，粮食供求关系和价格显著变化或者有可能显著变化时，县级以上人民政府及其有关部门可以按照权限采取下列措施调控粮食市场：①发布粮食市场信息；②实行政策性粮食收储和销售；③要求执行特定情况下的粮食库存量；④组织投放储备粮食；⑤引导粮食加工转化或者限制粮食深加工用粮数量；⑥其他必要措施。

必要时，国务院和省、自治区、直辖市人民政府可以依照《价格法》的规定采取如下措施：①政府可以建立重要商品储备制度，设立价格调节基金，调控价格，稳定市场。②政府在粮食等重要农产品的市场购买价格过低时，可以在收购中实行保护价格，并采取相应的经济措施保证其实现。③当重要商品和服务价格显著上涨或者有可能显著上涨，国务院和省、自治区、直辖市人民政府可以对部分价格采取限定差价率或者利润率、规定限价、实行提价申报制度和调价备案制度等干预措施。省、自治区、直辖市人民政府采取价格干预措施的，应当报国务院备案。④当市场价格总水平出现剧烈波动等异常状态时，国务院可以在全国范围内或者部分区域内采取临时集中定价权限、部分或者全面冻结价格的紧急措施。

79. 什么是粮食风险基金？

粮食风险基金始建于 1994 年，是国家为保护种粮农民、稳定粮食市场、确保国家粮食安全设立的专项调控基金，由中央财政与地方政府共同筹资建立，地方政府包干使用。粮食风险基金作为我国粮油宏观调控的一项基本制度，有效促进了流通市场稳定和国家粮食安全。粮食风险基金的资金来源包括中央补助款、地方财政预算安排和地方财政预算外资金。

2022年3月，财政部、国家发展改革委、国家粮食和物资储备局、中国农业发展银行印发了《粮食风险基金管理办法》，明确了粮食风险基金是国务院批准设立、由中央财政和地方财政共同安排，主要用于地方政府支持粮食储备、维护粮食流通秩序、稳定粮食市场等的调控专项资金。该办法还明确了粮食风险基金的管理机构、使用范围、运行方式及风险防范措施等内容。

（1）粮食风险基金的管理机构。①各级财政部门具体负责粮食风险基金管理。②财政部负责制定和完善粮食风险基金指导性政策，安排并分配中央财政分担的粮食风险基金预算，拨付下达中央补助资金，督促地方分担的粮食风险基金及时足额到位等。财政部有关监管局按照职责开展本地区粮食风险基金的监管。③地方各级财政部门负责及时足额筹集本地区分担的粮食风险基金，结合本地区实际制定具体管理办法，明确粮食风险基金的使用范围、补贴标准和补助方式等，拨付补助资金，加强资金使用监管。④各级粮食行政主管部门等部门和机构根据各自职责，配合本级财政部门做好粮食风险基金管理、拨付等工作，并对粮食风险基金的管理和使用开展监督。

（2）粮食风险基金的使用范围。①地方储备粮油利息、费用补贴。②1998年6月份以来发生的并在2013年前报经国务院批准认定的粮食政策性财务挂账利息补贴。③按照党中央、国务院有关决策部署，明确允许从粮食风险基金中列支的超标粮食收购处置费用等支出。④按上述规定用途使用后，粮食风险基金仍有结余的，可用于按规定消化粮食政策性财务挂账、加强粮食应急供应保障体系建设、发展城市小包装成品粮油、支持仓储设施建设等粮食方面的支出。不得在粮食风险基金中列支非粮食方面的支出。

（3）粮食风险基金的运行方式。①粮食风险基金严格实行财政专户管理，各级财政部门通过现有粮食风险基金专户逐级拨付资金，不得通过其他渠道列支粮食风险基金。②地方财政部门可以在确保资金安全的前提下，采取定期存款、协定存款、通知存款方式实现粮食风险基金保值增值。粮食风险基金不得转出开户银行进行保值增值。现有粮食风险基金专户开户行应配合各级财政部门做好粮食风险基金保值增值工作。③粮食风险基金专户资金保值增值管理取得的收益（包括活期存款利息收入等），原则上转增粮食风险基金本金，由本级财政部门管理，但不得抵顶地方财政应当安排的分担资金，不得挪作他用。

（4）粮食风险基金的监督检查。①各级财政部门应当按照有关要求，组织对粮食风险基金实施全过程绩效管理，加强绩效目标管理、做好绩效运行监控、开展绩效评价、强化结果应用，提高财政资金使用效益。②各级财政部门应当建立健全粮食风险基金监管制度，加强粮食风险基金管理和监督，确保粮食风险基金规范、安全和高效使用。③财政部有关监管局应当按照工作职责，对当地粮食风险基金开展监管，发现问题应当及时反馈当地财政部门并上报财政部。地方各级财政部门应当积极配合财政部有关监管局的监管工作。省级财政部门应将资金拨付文件抄送财政部当地监管局。

第六章 积极发展粮食加工业

80. 粮食加工经营者应当执行国家哪些标准？

粮食加工经营者应当执行的国家标准包括粮食质量和安全标准、卫生安全标准、粮食残留物限量标准、粮食包装和标识规定，具体如下。

（1）粮食质量和安全标准。粮食加工经营者应严格遵循原国家食品药品监督管理总局颁布的食品安全国家标准，确保粮食的质量和食用安全。[①]

具体而言，粮食加工者筛选出的粮食必须具备正常粮食的色泽与气味，其中小麦的热损伤粒（热损伤粒：由于微生物或其他原因产热及受热而改变了正常颜色或受到损伤的籽粒与正常籽粒的比率）比例不得超过 0.5%，大豆的霉变粒（霉变粒：粒面明显生霉并伤及胚或胚乳或子叶、无食用价值的颗粒）比例应控制在 1% 以内，而其他粮食的霉变粒比例不应超过 2%。大米、玉米和豆类中严禁检出麦角（麦角菌 [*Clavicepspurpurea*（Fr.）Tul.] 在黑麦、小麦、大麦、燕麦等禾本科植物子房内寄生而形成的菌核），而小麦、燕麦、莜麦、大麦及大麦的麦角含量应限制在 0.1% 以内。小麦和大麦中的毒麦（常和小麦混生在一起，其外形与小麦类

---

① 国家卫生健康委. 食品安全国家标准目录 [S/OL]. [2023-09-28]. http://www.nhc.gov.cn/sps/s3594/202309/c359451fa15f4b3cab00c038333e81d2.shtml

似，籽粒中含有毒麦碱的禾本科黑麦草属的草本植物）含量不得超过每千克 1 粒。

此外，根据《粮食流通管理条例》，粮食收购者和储存企业在粮食储存期间使用储粮药剂后，必须确保安全间隔期满方可作为食用用途销售出库，同时也不得将被污染的粮食作为食用用途销售出库。[①]

（2）卫生安全标准。粮食加工经营者必须确保加工过程符合食品安全标准，包括卫生、生产环境等方面的要求，以保证成品粮的安全性。[②]

《中华人民共和国食品安全法》（以下简称《食品安全法》）第三十三条规定，粮食加工经营者应具有与生产经营的食品品种、数量相适应的生产经营设备或者设施，有相应的消毒、更衣、盥洗、采光、照明、通风、防腐、防尘、防蝇、防鼠、防虫、洗涤以及处理废水、存放垃圾和废弃物的设备或者设施，同时具有合理的设备布局和工艺流程，防止待加工食品与直接入口食品、原料与成品交叉污染，避免食品接触有毒物、不洁物。依据《粮食流通管理条例》第十三条，粮食收购者和从事粮食储存的企业所使用的仓储设施必须满足粮食储存的相关标准和技术规范，同时符合安全生产法律法规的要求，仓储条件应与储存的品种、规模和周期相适应，旨在减少粮食储存过程中的损耗。

此外，根据原国家食品药品监督管理总局发布的食品安全国家标准，粮食应实行专储、专运，并储存在清洁、干燥、防雨、防潮、防虫、防鼠、无异味的仓库内，避免与有毒有害物质或高水分物质混存。在运输过程中，应使用符合卫生要求的运输工具，并确保粮食不被雨淋和污染。

---

① 《粮食流通管理条例》（中华人民共和国国务院令〔2021〕第 740 号）。
② 《中华人民共和国食品安全法》（中华人民共和国主席令〔2021〕第八十一号）。

（3）粮食残留物限量标准。粮食加工经营者需严格控制重金属、农药等残留物的含量，确保产品符合国家的限量标准，以保障消费者的安全。

根据原国家食品药品监督管理总局的食品安全国家标准，应严格遵循成品粮的污染物限量，如镉含量应不超过 0.1 毫克/千克（豆类不超过 0.2 毫克/千克），汞含量不超过 0.02 毫克/千克，铬含量不超过 1 毫克/千克。同时，农药残留量应满足食品安全国家标准的规定。

（4）粮食包装和标识规定。根据相关法规，粮食加工经营者应当遵守国家对粮食包装和标识的规定，确保产品信息准确清晰，以保障消费者的知情权和安全。

粮食包装和标识规定要求粮食加工经营者严格遵守国家相关规定，确保产品信息准确、清晰。这包括包装材料的选用、包装形式的规范，以及标签内容的准确性、完整性等，以便消费者能够正确了解产品信息。应参照《农产品包装和标识管理办法》、《食品标识管理规定》以及《食品安全法》的相关规定，确保粮食包装和标识符合法律要求。

具体而言，《农产品包装和标识管理办法》规定了农产品包装和标识的管理要求，包括标识内容应当准确、清晰、显著的规定。[1]《食品标识管理规定》要求食品及其包装应附加标识，标识内容应真实准确、通俗易懂、科学合法。[2]《食品安全法》第二十七条规定，直接入口的食品应当有小包装或者使用无毒、清洁的包装材料、餐具；第六十六条规定，进口的预包装食品应具备中文标签和说明书，符合国家标准要求，载明食品的原产地、保质期等信息。

---

① 《农产品包装和标识管理办法》（农业部令〔2006〕第 70 号）。
② 《食品标识管理规定》（质检总局令第 102 号）。

81. 哪些情形属于掺杂使假、以次充好？

粮食掺杂使假指粮食加工经营者向粮食中掺入不符合标准的成分，以达到欺骗消费者或降低成本的目的。具体包括：①将非粮食原料掺入粮食中。例如在成品粮中掺入砂子等杂质以提高重量。[①] ②掺杂有害物质。在粮食加工过程中，添加不符合国家标准或不合格的物质，如化学物质等，以增加产量或改变质量。[②]

粮食以次充好是指在粮食加工过程中，使用低质量的原料或降低加工工艺，以降低成本或提高利润为目的。具体包括：①使用劣质原料：采用劣质或变质的原料进行加工，以降低成本或提高利润，而不符合食品安全标准，使产品质量不达标，但以正常价格销售。[③] ②在粮食销售中，将劣质或次品的粮食冒充优质粮食出售给消费者。[④]

案例11　镉超标大米[⑤]

2013年2月27日，广东省《南方日报》发了《湖南万吨镉超标大米流向广东餐桌》的调查报道。报道称，2009年深圳粮食集团从湖南省多个中储粮直属粮库采购上万吨大米，经深圳质监部门质量标准检验，该批大米重金属镉含量超标。8批次中6批次镉超标大米的产地分别来自湖南攸县和衡东县的厂家，这两个县分别位于湖南重工业城市株洲市和衡阳市，都是有色金属之乡。

---

① 《粮食质量安全监管办法》（中华人民共和国国家发展和改革委员会令第4号）。
② 《粮食流通管理条例》（中华人民共和国国务院令〔2021〕第740号）。
③ 同②。
④ 王佳.结合三标准合理界定"伪劣产品"[N].检察日报-理论版，2023-05-09.
⑤ 新京报.镉大米重现："毒大米"为何屡禁不绝？[EB/OL]．2020-04-26.

2017年5月至7月，湖南益阳一企业将1 440.25吨本应用作饲料用途的镉严重超标稻谷所加工成的大米，销售到了口粮市场，流向贵州、广西、云南省昭通市、湖南省益阳市桃江县、湘潭市湘乡市等地。最终，十六人因此被判刑。

2017年11月6日，九江发生镉超标"毒大米"事件。当时有志愿者通过自媒体平台发布了一篇关于九江大米遭镉污染的公开举报信，信中称，稻谷重金属镉存在不同程度超标的原因是由于当地丁家山金铜硫矿区对周边环境造成了一定的污染。村民正在种植的农田土壤内重金属镉也都超标，村里废弃农田的土壤，以及候鸟栖息地东湖底泥重金属镉、砷更是严重超标。有的样本镉含量超出标准8.1倍；在废弃农田土壤中，不仅重金属镉超出标准14.2倍，砷含量也达到土壤临界值的7.13倍。

82. 本行政区域粮食加工能力确定的依据是什么？

粮食加工能力指的是一个地区或单位在一定时间内加工粮食的能力，受加工设施、人力资源、技术水平等多种因素的影响。粮食加工能力的强弱直接关系到粮食的加工效率和质量，对于保障粮食安全具有重要意义。[1] 粮食加工能力的确定依据主要包括：

（1）资源条件的丰富程度直接决定了粮食加工能力的基础，包括土地、水资源和能源等。这些资源的充足与否将直接影响到粮食加工的效率和质量。[2] 例如，充足的水资源可以保证加工设施的正常运转，而充足的能源则可以保证加工设备的稳定运行。

———————————

① 高峰，王明，王小燕. 粮食加工业发展现状及未来趋势研究［J］. 科技与创新导刊，2021，18（6）：56-60.

② 王瑞峰，李爽，孔凡娜. 粮食安全保障能力：内涵特征、指标测度与提升路径［J］. 四川农业大学学报，2022，40（3）：301-311.

（2）加工设施的现代化水平和技术装备决定了粮食加工能力的上限。加工设施是粮食加工的物质基础，包括加工厂、仓储设施、运输设施等。目前，我国加工设施的建设已经取得了巨大的成就，但仍然存在一些问题，例如设施老化、设备更新不及时等。未来，需要进一步加大对加工设施的投入，提高其设施的现代化水平。[①]

（3）专业的人力资源是提升粮食加工能力的关键，包括技术人员的数量和素质。人力资源是粮食加工的重要保障，但目前我国粮食加工行业存在人才短缺和技术水平不高等问题。因此，需要加大对人力资源的培训和管理力度，提高其专业水平和技术能力。[②]

（4）有效的市场需求是确定粮食加工能力的重要依据，需要根据市场变化及时调整加工策略。粮食加工能力的评估和监测是保障粮食加工能力的重要手段，可以及时发现问题并采取相应的措施加以解决。评估和监测的内容包括加工设施的运行状况、人力资源的配置情况、应急预案的执行情况等。[③]

83. 本行政区域应急状态下粮食加工能力的确定依据是什么？

我国的粮油产业已经相当发达，但是突发的自然灾害、粮食短缺、贸易摩擦等因素都可能导致粮食和油脂的紧缺情况。面对这些应急情况，迫切需要建立一套科学合理的粮油应急加工能力标准，以应对可能出现的危机。这个标准应当充分考虑到人口数量、粮油储备量、加工技术以及应急救援能力等因素，从而为各级政府和相

---

① 刘涛，张艳，李建国. 我国粮食加工能力评价及应对策略［J］. 中国食品工业，2020，41（5）：123-127.

② 王志刚，李丽，赵东. 粮食加工企业人力资源管理现状与发展对策［J］. 粮食与饲料工业，2019，40（3）：98-102.

③ 张志栋. 中国玉米深加工产业发展现状、问题及对策［J］. 黑龙江粮食，2015（7）：19-21.

关企业提供明确的指导。本行政区域应急状态下粮食加工能力的确定可以重点考虑如下几个方面：①人均粮油消耗量。根据人口数量和粮油储备情况，可以测算出人均粮油消耗量的标准。这个标准可以根据地区的不同情况，进行适当的调整。① ②粮油加工能力指标。主要包括原料加工能力、包装储运能力、产出效率等方面，确保加工能够满足需求。② ③救援响应时间。制定本行政区域的应急救援响应时间标准，确保在出现紧急情况时，能够迅速启动应急预案，保障人民的生活需求。④应急调配机制。建立粮油的应急调配机制，确保能够及时、有效地调动本行政区域范围内甚至周边地区的粮油资源，保障人民的生活需求。③

84. 粮食主产区和主销区可以以哪些形式建立稳定的产销关系？

关于粮食主产区和主销区之间建立的稳定产销关系的形式，目前尚未有明确的法律规定。但通过对相关文献的整理与归纳，总结出以下几种形式：

（1）长期合作协议。长期合作协议是粮食主产区和主销区建立的稳定产销关系的重要形式之一。通过签订长期合作协议，产销双方可以明确各自的权利和义务，建立起稳定的合作关系。④ 例如，农民和粮食加工企业可以签订长期的供销合同，确定供货量、价格和交付期限，从而确保双方的利益，提高粮食供销的稳定性。

（2）产销一体化。产销一体化是粮食产销关系的另一种重要形

---

① 中华人民共和国国务院新闻办公室．中国的粮食安全［N］．2019‒10‒14.

② 《国家粮食和物资储备局关于印发〈粮食应急保障企业管理办法〉的通知》（国粮仓规〔2021〕193 号）。

③ 《国务院办公厅关于印发国家粮食应急预案的函》（国办函〔2005〕57 号）。

④ 李明，张晓华．粮食主产区与主销区产销关系的研究［J］．农业经济问题，2020（6）：10‒15.

式。粮食主产区和主销区的企业可以通过整合资源、加强协作，实现产销一体化，提高供应链的效率和稳定性。例如，粮食加工企业可以与农民合作建立种植基地，直接参与农业生产，确保原料的稳定供应；同时，农民也可以通过与加工企业合作，获得稳定的销售渠道和更高的收入。[①]

（3）农业产销合作社。建立农业产销合作社是促进粮食产销关系稳定的重要途径之一。农业产销合作社将农民组织起来，实现规模化生产和集中化销售，提高农民的议价能力和市场竞争力。通过合作社，农民可以共同购买生产资料、统一管理生产，降低生产成本；同时，合作社也可以统一销售、提高销售效率，确保农产品的市场竞争力。[②]

（4）产销对接平台。利用互联网技术建立产销对接平台是促进粮食产销关系稳定的新途径。产销对接平台可以提供信息服务和交易撮合服务，促进产销双方的信息对称和交易便利。[③] 通过产销对接平台，农民可以及时了解市场需求，选择合适的销售渠道；而粮食加工企业也可以通过平台找到合适的供应商，确保原料的稳定供应。

85. 县级以上地方人民政府在粮食加工方面应当履行哪些职责？

县级以上地方人民政府负责本行政区域内的政治、经济、社会、文化等各方面的管理和服务工作，行使管理、监督、指导、协调等职能，以维护地方社会稳定、促进经济发展和改善民生为主要

---

① 戴化勇，陈金波．新形势下粮食产销协作模式与机制研究［J］．农业经济问题，2021（2）：135-144.

② 朱诗逸．奉贤农业生产方式和生产方法的新探索［J］．上海农村经济，2017（2）：34-35.

③ 王志刚，刘丽．粮食产销一体化模式研究［J］．农业现代化研究，2019（4）：55-60.

任务。《粮食安全保障法》第四十四条规定，县级以上地方人民政府在粮食加工方面的职责包括：①根据本行政区域人口和经济社会发展水平，科学布局粮食加工业，确保本行政区域的粮食加工能力特别是应急状态下的粮食加工能力。②县级以上地方人民政府应当在粮食生产功能区和重要农产品生产保护区科学规划布局粮食加工能力，合理安排粮食就地就近转化。

除此之外，地方人民政府在相应的地方规章制度中进一步细化了各自职责，主要包括以下几个方面：

（1）监管粮食加工企业的生产过程，确保符合国家相关标准和法规。比如，《四川省粮食安全保障条例》第四十八条、第四十九条明确，县级以上地方人民政府农业农村、粮食、市场监管等行政主管部门不仅应当指导粮食生产者、经营者建立健全质量追溯管理体系，督促粮食生产者、经营者严格执行产品质量标准，依法打击制售假冒伪劣粮食产品的行为，还应当建立粮食经营者粮食质量安全信用档案，记录日常监督检查结果、违法行为查处情况，并根据信用等级实施分类监管。[1]

（2）指导和支持规模以上粮食加工企业建立社会责任储备，以应对市场波动和突发事件。《贵州省地方储备粮管理办法》第十条明确，县级以上人民政府应指导规模以上粮食加工企业建立社会责任储备，鼓励粮食消费和耗用量较大的企业及组织建立粮食储备。[2]

（3）通过监管粮食收购企业的备案和报告工作，间接确保粮食来源的合规性和稳定性，为粮食加工提供有力保障。《江苏省粮食流通条例》第十条、第十一条明确，从事粮食收购的企业，应当向收购地的县级人民政府粮食部门备案企业名称、地址、负责人以及

---

① 《四川省粮食安全保障条例》（四川省第十三届人民代表大会常务委员会公告第71号）。

② 《贵州省地方储备粮管理办法》（贵州省人民政府令第201号）。

仓储设施等信息，备案内容发生变化的，应当及时变更备案，并定期向收购地的县级粮食部门报告粮食收购数量等有关情况。[①]

（4）通过制定行业标准、加强检验检测监管、推动质量认证认可等方式，规范和引导企业生产经营行为，保障产品质量和安全。[②]

（5）通过制定产业政策、提供财政支持、优化营商环境等方式，吸引和扶持粮食加工企业的发展。[③]

> **案例12 黑龙江省实施"四项举措"，推动全省粮食加工业高质量发展[④]**
>
> 黑龙江省粮食和物资储备局（以下简称省粮储局）紧紧围绕省委、省政府加快构建"4567"现代产业体系决策部署，坚持粮食加工延伸产业链、提升价值链、打造供应链"三链协同"和优粮优产、优粮优购、优粮优储、优粮优加、优粮优销"五优联动"，通过规划引领推动、实施政策扶持、开展项目建设、扩大产销合作等4项工作举措，助力黑龙江省粮食加工业发展迈上"快车道"。具体措施如下：
>
> 一是强化规划引领，明确目标任务。省粮储局制定系列发展规划和行动计划，明确粮食产业加工布局、任务和发展目标。政策扶持下，全省粮食加工业发展成效显著，规模扩大，特别是玉米加工业成为粮食加工消耗第一大行业。

---

① 《江苏省粮食流通条例》已由江苏省第十三届人民代表大会常务委员会第十三次会议于2020年1月9日通过，江苏省人大常委会公告（第30号）公布。该条例2021年修正。

② 刘明，张强.县级以上地方政府粮食加工业发展现状与对策研究［J］.农业技术创新，2019（2）：45-50.

③ 钱伟，李丽.我国县级以上地方政府粮食加工业支持政策研究［J］.农业现代化研究，2020（3）：30-35.

④ 澎湃新闻·澎湃号·媒体.黑龙江：大力发展粮食、畜产品精深加工 推动产业全链条升级［EB/OL］.2023-07-05.

二是强化政策扶持，助力产业发展。省粮储局出台大豆加工补贴政策，吸引企业投资建厂，推动大豆加工产业结构优化和升级。同时，制定流动资金贷款贴息项目实施方案，助力粮食精深加工和绿色食品加工发展。

三是强化项目推动，实施优质粮食工程。省粮储局制定关于优质粮食工程的实施意见，围绕"六大提升行动"推动项目建设。完成投资促进"数字龙粮"监管服务平台建设和设施设备升级，为粮食安全提供有力支撑。

四是强化品牌提升，推动产销合作。省粮储局以"绿色龙江黑土优品"为引领，打造"黑土优品·龙江粮油"区域公共品牌。通过制定团体标准、产品遴选和产销合作，提升品牌质效，扩大品牌影响力，推动营销增效。

第七章 提升粮食应急保供能力

86. 什么是粮食应急管理体制？

目前尚无对粮食应急管理体制概念的明确界定，但从行政管理体制的内涵，即行政管理体制是行政系统的职能配置、权力划分、组织机构、运行机制等的关系模式，以及粮食应急是为有效应对突发事件所带来的粮食安全风险的核心概念出发[①]，可将粮食应急管理体制理解为中央与地方为监测和控制各类突发公共事件或者其他原因引起的粮食市场异常波动而在粮食应急管理的管理范围、权限职责及其相互关系等方面做出相应规定的政府组织体系、运行机制和管理制度。其重点在于两个方面：①突出粮食应急的目标，即粮食应急管理体制是为了有效监测和控制各类突发公共事件或者其他原因引起的国内粮食市场异常波动，确保粮食市场供应，保持粮食市场价格基本稳定，维护正常的社会秩序和社会稳定；②强调粮食应急状态发生时中央与地方围绕粮食应急保供的职责分工及与此相关的运行机制安排。根据《粮食安全保障法》第四十七条的内容，国家建立统一领导、分级负责、属地管理为主的粮食应急管理体制。

---

① 罗斌. 我国粮食行政管理体制分析 [J]. 财经问题研究，2012（11）：106-110.

87. 什么是粮食应急体系?

粮食应急体系是政府在面临突发性粮食供应紧张、粮价大幅上涨的特殊状况，即面临所谓粮食不安全紧急事件时，为维护经济社会稳定而建立的制止事件发生、消弭事件影响的宏观调控体系[①]。粮食应急体系具有一定的层次结构，也是一个完整的复合系统。粮食应急体系由主体要素、实体要素及信息要素等组成。在要素基础上，这一系统由预警指标体系、预案体系、业务体系、功能体系等四个子系统组成。[②]

（1）预警指标体系是筛选粮食安全状况评估和判断指标，并依此对粮食供求状况进行动态监测与粮食安全警情预报的工作体系。粮食安全预警需以粮食供求波动规律为依据，筛选粮食安全状况评估和判断的系列指标，确立粮食安全敏感区间和粮食安全警戒线，根据指标数值科学预测粮食供需变动趋势。

（2）预案体系是政府在判断和评估粮食不安全紧急事件发生的可能性、发生过程、事件后果及影响程度的基础上，提前制订应对粮食不安全紧急事件的合理规划，它是对粮食应急管理机构与职责、人员、技术、装备、设施、物资、救援行动及其指挥与协调等方面预先做出的安排。

（3）业务体系是通过要素资源的整合，形成应对粮食不安全紧急事件的实际业务流程。一般以预防、准备、响应和恢复等粮食应急工作全过程为主线，来设定应急行动的具体措施和步骤。

（4）功能体系指粮食应急体系作为一种人造系统，是通过系统主体（政府）整合粮食应急资源要素所产生的应对粮食不安全紧急

---

① 诺曼 . 危机管理［M］. 北京：中国人民大学出版社，2001.
② 郭晓东 . 完善我国粮食应急体系的对策思考［J］. 经济纵横，2011（12）：87 - 90.

事件的整体合力。该体系由三部分组成：一是资源保障功能，即从人财物和信息方面保证整个应急体系的正常运行和使用，是应急体系的基础功能。二是指挥调度功能，即领导指挥机构进行纵向贯通、横向联动所形成的业务指导、组织协调和现场处理的能力，处于整个功能体系的主导地位。三是处置实施功能，即参与粮食应急工作的专业队伍和骨干力量对预案和指令进行具体实施。

粮食应急体系与现实环境相互作用的同时，四个子系统之间既相对独立又互相联系。预警指标体系是粮食应急体系主体识别粮食安全风险和作出应急决策的依据，是粮食应急体系的基础环节；预案体系为粮食应急体系主体提供应对粮食不安全紧急事态的行动计划或方案，是粮食应急体系的核心环节；业务体系是预案体系的具体化和粮食应急体系要素的机制化；功能体系是粮食应急体系行为的整体表现，它直接决定粮食应急体系应对粮食不安全紧急事件的效果。四个子系统不是一成不变的，而是在相互作用和反馈中实现自身和粮食应急总体系的不断完善。粮食应急体系运行是四个子系统动态循环并比照工作目标持续改进的过程。

88. 什么是粮食紧急疏运机制？

目前尚无对粮食紧急疏运机制的细致规定，但从其所需承担的功能来看，粮食紧急疏运机制是指在自然灾害、突发事件或其他紧急情况下，为了保障粮食的快速获取而迅速启动的一套应对措施和机制，旨在确保粮食在灾害和紧急情况下的快速调运和分配，以满足受灾地区和人民的基本生活需求，维护社会稳定。根据《国家粮食应急预案》，粮食紧急疏运机制至少应达成如下两方面目标：①根据粮食储备、加工设施、供应网点的布局，科学规划，提前确定好运输线路、储存地点、运输工具等，确保应急粮食运输；②进入粮食应急状态后，对应急粮食要优先安排计划、优先运输，各级政府及其有关部门要确保应急粮食运输畅通。

从相关的研究进展来看，其机制安排的重点在于四个方面[①]：①重视储备粮紧急调运的情景构建。粮食部门需要与应急部门通力合作，将情景分析作为应急准备的先导，并嵌入粮食应急预案制定的全过程，共同修订完善粮食应急预案体系，提高预案的针对性和实操性。②培育准备阶段的储备粮物流能力。应将设定的应急情景贯穿于物流准备的全过程，在维持既有原粮储备的基础上，强化成品粮储备的品种、数量和布局以及原粮快速加工转化能力；加大国家对重要粮食流通基础设施的投资力度，吸引多种形式的企业组织投资粮食流通设施，促进铁路、公路、水路之间的顺畅衔接。③健全响应阶段的储备粮紧急调运机制。应制定更为简单、易控和易行的储备粮紧急调运程序，确保储备粮平时的储备安全和急时的快速调动。④加强多个部门物流业务的通力合作。粮食应急供应不是单一部门的事情，而是牵涉军队、交通、质量监管、企业等多个部门和组织的。这些组织要在与粮食物流相关的业务中建立合约安排，加强横向协作，并定期进行协同演练。

89. 不同行政区域的粮食应急预案应当如何制定？

粮食应急预案是指为有效监测和控制各类突发公共事件或其他原因引起的粮食市场异常波动，确保粮食市场供应和价格基本稳定，维护正常的社会秩序，规范应急救援行为，提高应急救助能力而事先制定的一系列措施和行动计划。[②]

---

① 李凤廷，侯云先，邵开丽，等. 突发事件下的粮食物流：基于情景应对的储备粮紧急调运决策框架 [J]. 中国农村经济，2016（12）：60-75.

② 《滦州市人民政府办公室关于印发〈滦州市粮食应急预案〉的通知》（滦政办字〔2022〕5号）。

从制定权限来看，不同行政区域粮食应急预案的制定有其各自的特点。其中，全国的粮食应急预案由国务院发展改革、粮食和储备主管部门会同有关部门制定，报请国务院批准。省、自治区、直辖市人民政府应当根据本行政区域的实际情况，制定本行政区域的粮食应急预案。设区的市级、县级人民政府粮食应急预案的制定，由省、自治区、直辖市人民政府决定。

从粮食应急预案制定内容的实际情况来看，一般包括总则、组织机构和职责、预警监测、应急响应、应急保障、后期处置等。对于应急预案执行中发现的问题，地方各级政府和有关部门要研究提出改进措施，对粮食应急预案进一步优化。[1]

90. 什么是粮食市场异常波动报告制度？

当前，尚未有关于粮食市场异常波动报告制度概念的明确界定，但从理论界与实务界的研究来看，粮食市场异常波动报告制度主要指以制度形式明确各级地方人民政府在面临粮食市场异常波动时履行向上一级人民政府报告的义务。对此，《粮食安全保障法》对于粮食市场异常波动报告的具体做法做出了具体说明，即发生突发事件，引起粮食市场供求关系和价格异常波动时，县级以上地方人民政府发展改革、农业农村、粮食和储备、市场监督管理等主管部门应当及时将粮食市场有关情况向本级人民政府和上一级人民政府主管部门报告。

同时，《国家粮食应急预案》也对省级人民政府相关部门关于粮食市场异常波动报告制度做出了具体规定[2]：省级人民政府相关部门要加强对辖区内粮食生产、需求、库存、价格及粮食市场动态

---

[1] 《国务院办公厅关于印发国家粮食应急预案的函》（国办函〔2005〕57 号）。
[2] 同①。

129

的实时监测分析，并按照国家有关部门要求及时报送市场监测情况；特别要加强对重大自然灾害和其他突发公共事件的跟踪监测，出现紧急情况随时报告。

91 粮食市场异常波动包括哪些情况？

《国家粮食应急预案》对属于粮食市场异常波动且应当报告的情形做出了说明，具体包括[1]：①发生洪水、地震以及其他严重自然灾害，造成粮食市场异常波动的；②发生重大传染性疫情、群体性不明原因疾病、重大食物中毒和职业中毒等突发公共卫生事件，引发公众恐慌，造成粮食市场异常波动的；③其他引发粮食市场异常波动的情况。

各地方政府结合当地实际情况，对粮食市场异常波动的情况做了进一步明确，包括但不限于[2][3]：①粮食价格急剧上涨，销量急剧上升，市场粮食供应紧张，主要粮油品种零售价格非正常涨幅达到30%～50%；②由于灾难性事故、疫病、动乱或谣传、误导、公众非理性情绪等社会诱因引发事件，造成粮价突然上涨，粮食市场异常波动；③由于战争、国际封锁、特大自然灾害等原因造成粮食市场剧烈动荡，出现粮食供给危机；④周边地区出现居民排队集中购粮，并有可能快速波及本地区的动向，或者周边地区封锁粮源，出现粮食销售断档，民众恐慌，发生较大范围的粮食抢购风潮；⑤本地区出现居民排队集中购粮，部分粮食应急供应网点出现主要粮食品种脱销断档。

---

① 《国务院办公厅关于印发国家粮食应急预案的函》（国办函〔2005〕57号）。
② 《关于印发铜陵市郊区突发粮食事件应急预案的通知》（铜陵办发〔2022〕6号）。
③ 《东阳市人民政府办公室关于印发〈东阳市粮食安全应急预案〉的通知》（东政办发〔2022〕34号）。

92 粮食应急状态包括哪些情形？

粮食应急状态是指各类突发公共事件或者其他原因，引起国内粮食供求关系突变，在较大地域范围内出现群众大量集中抢购、粮食脱销断档、价格大幅度上涨等粮食市场急剧波动的状况。《国家粮食应急预案》把粮食应急状态划分为三类情形[①]：①国家级（Ⅰ级）包括两个以上省、自治区、直辖市出现粮食应急状态，以及超过省级人民政府处置能力和国务院认为需要按照国家级粮食应急状态来对待的情况。②省级（Ⅱ级）包括在一个省、自治区、直辖市较大范围或省会等大中城市出现粮食应急状态及省级人民政府认为需要按照省级粮食应急状态来对待的情况。③Ⅱ级以下的为由省级人民政府根据本地区实际情况认定的粮食应急状态。

根据当前不同省、自治区、直辖市的通行做法，Ⅱ级以下的粮食应急状态还可进一步划分，包括但不限于Ⅲ级与Ⅳ级两种情形[②]：①Ⅲ级粮食应急状态指市级或2个以上县级行政区域出现粮食应急状态，以及市级政府认为需要按照市级粮食应急状态来应对的情况；②Ⅳ级粮食应急状态指县级政府所在中心城区或县级行政区域内2个以上乡镇（街道）出现应急状态，以及县级政府认为需要按照县级粮食应急状态来应对的情况。

93 出现粮食应急状态时，县级以上人民政府可以采取哪些应急处置措施？

根据《粮食安全保障法》的规定，县级以上人民政府按照权限确认出现粮食应急状态的，应当及时启动应急响应，可以依法采取

---

① 《国务院办公厅关于印发国家粮食应急预案的函》（国办函〔2005〕57号）。
② 《市政府办公室关于印发苏州市粮食应急预案的通知》（苏府办〔2020〕306号）。

下列应急处置措施：

（1）《粮食安全保障法》第四十条规定的措施，即发布粮食市场信息、实行政策性粮食收储和销售、要求执行特定情况下的粮食库存量、组织投放储备粮食、引导粮食加工转化或者限制粮食深加工用粮数量等；

（2）增设应急供应网点；

（3）组织进行粮食加工、运输和供应；

（4）征用粮食、仓储设施、场地、交通工具以及保障粮食供应的其他物资；

（5）其他必要措施，具体可参照《价格法》的相关规定。

94. 应急供应网点的设置需要具备哪些条件？

国家粮食和物资储备局印发的《粮食应急保障企业管理办法》对粮食应急供应网点的设置做出了如下三方面具体规定。[①] ①区位条件：粮食应急供应网点应位于物流配送和居民采购均较为便利的位置；②经营范围与经营条件：粮食应急供应网点所经营的商品应以粮油产品和居民日用消费品为主，销售的商品均应明码标价，具备与经营商品和规模相匹配的陈列货架或柜台，营业场所内装修简洁，店内通风、明亮，营业面积、仓储能力和库房条件满足应急供应需要；③通信条件：粮食应急供应网点需要配备满足经营需要的网络及通信等设施。

此外，《国务院关于建立健全粮食安全省长责任制的若干意见》还对应急供应网点的数量做出了具体规定，要求每个乡镇、街道应至少有1个应急供应网点；直辖市、省会城市和计划单列市人口集中的社区，每3万人应至少有1个应急供应网点。[②]

---

① 《粮食应急保障企业管理办法》（国粮仓规〔2021〕193号）。
② 《国务院关于建立健全粮食安全省长责任制的若干意见》（国发〔2014〕69号）。

案例 13　粮食应急供应网点"五莲模式"①

应急网点是粮食保供稳市的重要载体。近年来，日照市发展改革委以五莲县为试点，实施规划布局、标志标识、建设标准、制度设置、服务监管"五统一"，市县合力打造粮食应急供应网点"五莲模式"。目前，该县乡镇街道 15 处粮食应急供应网点已全部按照标准建成，基本形成布局合理、设施完备、运转高效的粮食应急供应保障体系。

一是统一规划布局。按照"合理布点、全面覆盖、平时自营、急时应急"原则，优化区域布局，解决网点分布问题。在网点种类上，统筹兼顾成品粮油批发市场、放心粮油店及商场、超市、社区便利店等类别，并按照城乡特点结合实际选定。在网点数量上，每个乡镇、街道至少规划 1 处基层供应网点，县城建设 1 处较大中心网点，与应急加工、储运、配送等有效衔接。在运作体系上，非应急状态时坚持市场化经营为主，应急状态时按指令作为政府救灾应急和市场调控载体。

二是统一标志标识。坚持"以人民为中心"，把方便群众寻找就近网点作为出发点，分门别类设计统一招牌、名称标识，并加挂"山东省粮食应急供应网点"牌匾，实现同类别网点标志标识统一规格、统一颜色、统一图案、统一字体，全县 15 个网点已整齐划一完成形象转变。同时，量身定做"五莲县粮食应急供应"工装，加强工作人员服务礼仪、文明用语、服务规范和业务知识等培训，展示应急供应网点优质服务形象。

三是统一建设标准。坚持"一把尺子量到底"，不管网点大小，不分城区还是乡镇，均按应急标准进行改造提升，标准化配

---

① 澎湃新闻·澎湃号·媒体. 山东：优秀！"五莲模式"全省推广［EB/OL］.
2022 - 11 - 24.

置粮油货架、米斗、底托等设施设备，预留"日照好粮油"货位，合理布设应急通道，全面提升粮油应急供应能力。目前，所有网点均已实现应急区域完备可用，在售商品分类摆放、明码标价。创新实施网点信息化提升，统一开发购销存管理系统，实现对网点、人员、商品数字化管理，系统覆盖采购、销售、库存管理、应急调配等运营全过程，可为平时服务和急时调控提供及时、准确的数据支撑。

四是统一制度设置。网点硬件改造过程中，突出制度建设，提升网点服务规范化、标准化水平。目前，已搭建起以网点经营承诺、商品质量管理、消费投诉处理和不合格商品退换货四项基本制度为主体的框架体系，全部上墙公示接受群众监督。与此同时，下好制度执行"先手棋"，制定网点动态评估制度，通过月督、季评、年考核排名，对连续两年排名后三位网点进行调整处理。

五是统一服务监管。一方面，强化服务保障。粮食和储备管理部门定期深入网点一线调查研究，察民情访民意，提升服务保障精准性，比如资金扶持上，帮助网点协调财政资金及金融支持，并每年给予一定数额管理费用。在业务指导上，开展"信息直通车"，及时普及政策信息，搭建供求信息平台，促成产销两端有效衔接。另一方面，强化执法监督。建立粮食应急供应网点联合执法机制，由发展改革部门牵头，综合执法、市场监管等部门共同参与，定期开展应急供应专项检查，确保网点平时守法经营、急时保障到位。

95. 出现粮食应急状态时，有关单位和个人的义务是什么？

出现粮食应急状态时，有关单位与个人承担着不同的义务。

县级以上人民政府应当及时启动应急响应，可以依法采取《粮食安全保障法》第五十条规定的应急处置措施，包括但不限于增设应急供应网点，组织进行粮食加工、运输和供应，征用粮食、仓储设施、场地、交通工具以及保障粮食供应的其他物资，等。

其他有关单位和个人应当服从县级以上人民政府的统一指挥和调度，配合采取应急处置措施，协助维护粮食市场秩序。

96. 因执行粮食应急处置措施给他人造成损失的，县级以上人民政府应当按照哪些规定予以公平、合理补偿？

根据《中华人民共和国突发事件应对法》[①]，有关人民政府及其部门为应对突发事件，可以征用单位和个人的财产。被征用的财产在使用完毕或者突发事件应急处置工作结束后，应当及时返还。财产被征用或者征用后毁损、灭失的，应当给予补偿。同时，国务院根据受突发事件影响地区遭受损失的情况，制定扶持该地区有关行业发展的优惠政策，受突发事件影响地区的人民政府应当根据本地区遭受损失的情况，制定救助、补偿、抚慰、抚恤、安置等善后工作计划并组织实施，妥善解决因处置突发事件引发的矛盾和纠纷。

║║║案例 14 粮食"135"应急供应保障圈的山东设想[②]

2023 年 4 月 20 日，山东省粮食和物资储备局召开新闻发布会，对《关于完善粮食供应保障体系建设的实施方案》进行解读。《方案》提出，到 2025 年，山东实现粮食储备更加充实、应急供应更加高效、风险防控更加精准、运行机制更加完善，基本建成与高质量发展要求相适应的粮食供应保障体系，形成都市区 1 小时、周边城市 3 小时、城市群 5 小时的粮食"135"应急供应保障圈。《方案》主要从以下几个方面提升山东粮食应急保障能力。

① 《中华人民共和国突发事件应对法》（中华人民共和国主席令〔2007〕第六十九号）。

② 李秀娟. 到 2025 年，山东将形成粮食"135"应急供应保障圈［EB/OL］. 鲁网新闻，2023－04－21.

（1）加强粮食应急保障能力建设。一是围绕经济社会发展需要，统筹考虑城镇人口消费及粮油加工产能布局，在济南、青岛、临沂、滨州建设四大省级区域性粮食安全应急保障基地。同时，指导各市县建设市、县（市、区）级粮食应急保障中心，承担本辖区粮食应急保障任务。二是进一步加强县级粮食应急保障能力建设，积极发挥山东粮食储运和加工能力强的优势，加强县级粮食应急保障能力建设，提升县级粮食应急保障能力，构建与乡村振兴和高质量发展相适应的县级粮食应急保障体系。三是进一步改造提升粮食应急供应网点功能，按照统一规划建设、统一标志标识、统一服务规范、统一质量承诺"四统一"要求，对山东2 090个应急供应网点进行改造升级，进一步提升粮食应急供应网点粮食供应能力和服务水平。四是进一步增强粮食应急物流配送能力，完善辖区内粮食应急物流网络，创新粮食应急物流运输方式，探索与集散调运能力强的物流企业建立战略合作，支持粮食应急配送中心建设城乡一体化网络，实现城市、社区、城际、农村配送一体化有效衔接。

（2）强化粮食安全风险监控。一是加强粮食市场监测预警，在综合运用传统监测方式基础上，通过购买服务、联系重点企业等多方式、多渠道获取粮食市场流通信息。同时发挥大数据、云计算、移动互联网等现代信息技术作用，拓宽数据来源，加强对粮食生产、流通、消费、进出口、市场、库存、质量等监测预警预报。二是加强粮食安全风险隐患排查，建立健全粮食应急风险排查制度和粮食风险隐患请示报告制度，密切关注辖区内粮食脱销断档、供应中断、价格大幅上涨、群众大量集中抢购等情况，提前研判，及时处置。完善粮食应急预案体系，指导各地进一步修订完善本级粮食应急风险防控预案，不断增强预案的针对性和实效性，逐步建立覆盖省、市、县的三级预案体系。三是定期开展演练和培训，促进储存、加工、运输、供应等各环节的有效衔接，增强粮食应急保障实战能力。提升粮食基础设施应对风险能力，统筹国家和地方要求，大力开展绿色仓储提升行动，积极争取对粮食设施项目建设等方面的支持，重点加强粮食收储、应急加工、粮食接卸、仓储设施、成品粮储运、粮情监测预警能力建设，全面提升市场调控保供应急能力。

（3）健全完善粮食供应保障运行机制。一是健全粮食供应保障共建机制，通过签订政府间合作协议、"走出去""引进来"等方式统筹建立省际和市域间粮油对口支援或互助支援机制，强化协同运作、同向发力、形成合力，共同保障国家粮食安全。二是建立区域内粮食应急联动机制，加强对重点地区、人口密集地区、灾害易发多发地区、生产加工能力弱的地区毗邻地市统筹协调，推动粮食应急保障机制协同运行、统一调配，提高区域应急联动和统一调度能力。加快推进信息共享机制，加强省级粮食管理云平台和"好粮有网"推广应用，推进粮食信息化建设，在应急状态下实现粮食和重要物资统一调度、重大信息统一发布、关键指令实时下达、多级组织协调联动、发展趋势科学预判。三是完善粮食应急保障企业协助机制，择优选定一批粮食应急保障企业通过统一授牌、任务引领、重点扶持，指导其承担国家粮食应急保障任务，有效发挥区域应急保障作用。

第八章 树立节约减损就是增产的理念

97. 什么是粮食损失和浪费？

粮食损失①指的是在生产、收获、干燥、储存、运输、加工等粮食供应链前端环节中，由技术有限、病虫害、管理手段不足等非主观因素造成的粮食数量减少，粮食品质的变化一般不包含在内。

相较于发生在粮食供应链前端环节的粮食损失，粮食浪费则更多发生在最后的消费环节。粮食浪费②是指由消费意识等主观因素造成的一种不恰当消费行为。粮食浪费仅存在于消费环节，属于道德范畴而不属于技术、经济范畴，因此消费环节的粮食损失可以称为浪费，其他环节则是损失。

98. 什么是引导激励与惩戒教育相结合机制？

虽然目前尚未有法律法规对此概念进行详细明确的规定，但结合相关领域的实践经验，可以将引导激励与惩戒教育相结合的机制描述为是一种充分运用正向激励和反向约束手段，加大对粮食节约

---

① 赵霞，陶亚萍，曹宝明. 中国粮食产后损失评估分析 [J]. 干旱区资源与环境，2022，36（6）：1-7.

② 武拉平. 我国粮食损失浪费现状与节粮减损潜力研究 [J]. 农业经济问题，2022（11）：34-41.

行为引导激励和对粮食浪费行为惩戒教育力度，加强县级以上人民政府对粮食节约工作领导和监督管理的制度机制。

引导激励涉及政策引导、财政补贴、税收优惠、技术支持等[①]多个方面，通过综合施策，鼓励粮食生产者、经营者和消费者共同参与到粮食节约工作中。惩戒教育政策与引导激励政策相辅相成。惩戒教育旨在通过警告、罚款、责令停业整顿等措施，对粮食浪费行为进行惩戒，督促公民和社会团体及时纠正粮食浪费行为。2021年通过并施行的《中华人民共和国反食品浪费法》[②]（以下简称《反食品浪费法》），明确规定了反食品浪费工作中政府及其部门职责、各类主体责任、监管措施和处罚措施。

引导激励与惩戒教育相结合的机制，既可以提升全社会对粮食节约工作和粮食安全的重视程度，又可以对可能发生的粮食浪费行为形成有效震慑，为全面推进粮食节约工作提供制度支持。

92 粮食生产者在播种环节发生的粮食损失和浪费有哪些？

播种环节是粮食生产中非常重要的一环，涉及选种准备、播种操作、灌溉施肥等流程。粮食生产者在播种环节发生的粮食损失和浪费主要包括以下三种情况[③]：①种子质量会直接影响农作物的产量和质量。粮食生产者种源选择不当，选择了发芽率和纯度较低、抗逆性不强、适应性不高的种子，会造成幼苗生长受阻，甚至是幼苗大面积死亡，最终给粮食产量带来不利影响。②粮食生产者在播

---

① 颜波，胡文国，王娟. 多措并举规制粮食损失浪费［J］. 中国粮食经济，2021（1）：8-13.

② 《中华人民共和国反食品浪费法》（中华人民共和国主席令〔2021〕第七十八号）。

③ 高炳彦，王静，杨玉菊. 农作物种子种植风险因素与提高种子质量的措施［J］. 种子科技，2024，42（1）：113-115.

种时操作不当，没有对种子进行浸种、灭菌等预处理，播种方式、播种时节不恰当，过量播种，均会导致种子发芽和幼苗发育受到影响，一部分种子甚至会因无充足养分而无法生长并最终被浪费。③在粮食成熟前，气候条件、土壤条件、水分等环境因素也会影响作物的生长。气候恶劣、土壤酸度过高或碱度过高、水分过少或过多均会导致粮食减产或无法收获。

为减少播种环节发生的粮食损失和浪费，粮食生产者需要注重种子的选择和处理，做好播种计划和农田管理，密切观察播种后粮食作物的生长情况。①

100 粮食生产者在田间管理环节发生的粮食损失和浪费有哪些？

粮食作物生长期间，粮食生产者需要做好施肥、灌溉、病虫害防治等田间管理工作。粮食生产者在田间管理环节发生的粮食损失和浪费主要包括以下三种情况：①病虫害问题是粮食生产者在田间管理环节中的最常遇到的问题之一。② 粮食作物病虫害具有种类多、影响大、容易成灾的特点。我国粮食作物常见的病虫害有稻飞虱、玉米螟、麦蚜、蝗虫、小麦锈病、稻纹枯病等。如果病虫害问题得不到及时的控制和解决，粮食作物的生长就会受到严重影响，直接结果就是粮食产量减少和粮食质量下降，最终会导致粮食的损失和浪费。②合理的灌溉和科学的施肥是保证粮食作物产量和质量的基础。③ 粮食生产者没有按照粮食作物各个生长阶段的需水需肥特点做好灌溉、施肥工作，灌溉不足或过度灌溉，没有控制好施肥

---

① 张雷.农作物种子种植风险成因与提高种子质量的措施分析［J］.河南农业，2021（5）：22-23.

② 《农业农村部办公厅关于印发〈2023年"虫口夺粮"保丰收行动方案〉的通知》（农办农〔2023〕10号）。

③ 范传航.小麦种植田间管理与技术推广［J］.种子科技，2024，42（4）：32-34.

频率、时机和种类，均会阻碍作物生长发育，对粮食产量造成不利影响。③粮食生产者在作物生长期没有密切关注气候变化，缺乏应对干旱、洪涝等气候灾害的经验，未能及时采取适当的防护措施和有效的补救措施，一部分幼苗就会停止生长，导致粮食产量的下降。①

为减少田间管理环节发生的粮食损失和浪费，粮食生产者需要做好病虫害问题和气候灾害的监测和防控，合理灌溉、合理施肥，及时调整不当的田间管理行为。

101 粮食生产者在收获环节发生的粮食损失和浪费有哪些？

随着国家对适时农业机械收获的鼓励和支持推广，加之劳动力成本的不断攀升，越来越多的粮食生产者在粮食收获环节选择机械收获。粮食生产者在收获环节发生的粮食损失和浪费主要包括以下三种情况②③：①粮食生产者没有根据粮食作物的生长状态选择恰当的收获时间。过晚收割，成熟度过高的粮食更容易出现散粒情况，导致粮食损失；过早收割，未充分成熟的粮食含水量高而干物质含量低，后续的储存环节更容易出现病虫害问题。②粮食生产者没有根据田块大小、土壤干湿程度、作物倒伏情况、种植模式等前提条件④，恰当地选择大中小型、全喂入或半喂入、履带或轮式的收获机械，会导致粮食收获效果不理想，粮食损失增加。③机手操

---

① 郭佳，张宝林，高聚林．气候变化对中国农业气候资源及农业生产影响的研究进展［J］．北方农业学报，2019，47（1）：105－113．

② 马权．玉米机械化收获作业操作规程及粮食减损技术［J］．农机使用与维修，2023（3）：99－101．

③ 庄怀宇，夏长坤，侍卓瑶．稻麦机械化收获粮食损失的影响因素调查［J］．农机科技推广，2023（8）：53－55．

④ 徐峰，徐振兴，张树阁．农业机械化在粮食增产和减损中的作用［J］．农机科技推广，2022（1）：15－18．

作的熟练程度也是影响机收效果的重要因素。过快的收割速度会使得部分粮食作物被漏收，导致粮食损失；而过慢的收割速度则会增加作业时间，使得收获进程更可能受到天气和其他因素影响。此外，收割角度和收割高度也都是机手在操作设备时需要注意的细节。

为减少收获环节发生的粮食损失和浪费，粮食生产者需要合理选择收割时机、依据条件选择恰当的收获设备，对操作人员进行指导培训，提高其技术水平和操作能力。

102 故意毁坏在耕地上种植的粮食作物青苗有哪些具体情形？

故意毁坏在耕地上种植的粮食作物青苗是指对已经种植在耕地上、正处于生长期的粮食作物青苗进行恶意破坏的行为。2022 年通过并施行的《安徽省粮食作物生长期保护规定》[①]，明确"不得违法割青毁粮"。2023 年的中央 1 号文件《中共中央　国务院关于做好 2023 年全面推进乡村振兴重点工作的意见》要求"严防'割青毁粮'"。结合上述规定和实际情况，可以将割青毁粮行为划分为以下两类：

（1）农民和养殖大户提前收贮生长期小麦、玉米等作物的青苗用作饲料或饲料储存。2022 年的小麦青贮事件引发广泛讨论。养殖行业使用含有丰富蛋白质、易于动物消化吸收的青贮饲料替代部分精饲料，确实可以降低饲养成本，提高经济效益。[②] 而从自身利益出发、期待节省后续施肥费用、人工费用的农户，也会在收购

---

① 《安徽省粮食作物生长期保护规定》（安徽省人民代表大会常务委员会公告〔2022〕第 69 号）。

② 阎巨光．青贮玉米与籽实玉米经济效益分析［J］．农业开发与装备，2013（3）：76．

商、中介的怂恿下，让尚处于生长期的粮食作物变身青贮饲料。[1]但此类行为严重破坏农业生产秩序，严重损害国家粮食安全。用于发展畜牧业的专业青贮饲料，应当大力支持；但牺牲粮食产量、威胁粮食安全的割青麦作饲料，应当严防。《安徽省粮食作物生长期保护规定》强调了收贮生长期水稻、小麦的，应"由县级以上农业农村主管部门责令改正，没收违法所得，并处毁粮价值一倍以上五倍以下的罚款"。

（2）毁麦开工是土地流转中常见的违法违规行为。毁麦开工是指工程建设单位未能做好工程开工建设与粮食生产茬口衔接工作，破坏正常粮食生产的行为。2022年4月，某省某市某县光伏发电项目施工过程中，上百亩长势良好的麦田被强行铲平，建光伏发电站。后经联合调查组调查，该项目被责令停止施工，多名干部被追责。[2]

▌▌案例15 某省某市某县光伏项目毁麦开工事件[3]

2022年4月，某省某市某县光伏项目施工过程中，施工方未考虑到小麦的生长周期和农户的种植计划，在未与当地农户充分沟通并征得农户同意的前提下，盲目开展土地平整工作，擅自割毁大片即将成熟的小麦青苗。施工方的行为违反了《中华人民共和国土地管理法》和《中华人民共和国农村土地承包法》的相关规定，损害了农户利益，造成了重大粮食损失。该事件经媒体曝光后，某市委、市政府随即成立联合调查组进行调查，发布了关于某县光伏发电项目施工清表问题调查处置情况的通报，就涉

---

① 李磊. 饲料"青贮小麦"有关违法行为法律适用的思考分析［J］. 农业开发与装备，2023（12）：115-117.

② 河北省石家庄市行唐县光伏发电项目施工清表问题联合调查组发布的《关于行唐县光伏发电项目施工清表问题调查处置情况的通报》。

③ 同②。

嫌破坏生产经营罪对项目负责人依法采取刑事拘留强制措施，责令某县委、县政府作出书面检查，对政府分管副县长给予政务警告处分等。此次毁麦开工事件不仅对当地农户造成了经济损失，也对国家粮食安全构成了严重威胁。该事件暴露出推进经济发展过程中对耕地保护、粮食安全和农民权益的忽视，为短视的经济发展方式敲响了警钟。

103. 粮食在储运环节发生的粮食损耗有哪些？

《粮油仓储管理办法》① 附件 2 将粮油储存损耗分为自然损耗和水分杂质减量。其中，自然损耗是指粮油在储存过程中，因正常生命活动消耗的干物质、计量的合理误差、检验化验耗用的样品、轻微的虫鼠雀害以及搬倒中零星抛撒等导致的损耗。水分杂质减量是指粮油在入库和储存过程中，由于水分自然蒸发，以及通风、烘晒、除杂整理等作业导致的水分降低或杂质减少等损耗。

《政府储备粮食仓储管理办法》② 第三十三条、第三十四条对中央储备的保管自然损耗定额等进一步做出了相关规定：原粮储存半年内的，不超过 0.1％；储存半年以上一年以内的，不超过 0.15％，储存一年以上的，累计不超过 0.2％（不得按年叠加）。超过保管自然损耗定额的部分即属于超耗，已超出合理范围，造成粮食损失。

粮食运输环节发生的损耗是指在运输过程中，由于过筛、遗漏、抛洒、过驳、机械碾压、扦样消耗等造成的原粮损耗。③ 目

---

① 《粮油仓储管理办法》（中华人民共和国国家发展和改革委员会令第 5 号）。
② 《政府储备粮食仓储管理办法》（国粮仓规〔2021〕18 号）。
③ 周冠华，李圣军. 我国粮食运输损耗情况探析［J］. 中国粮食经济，2022（4）：37－40.

前，我国粮食运输多采用包粮运输，散粮运输占比较低。[①] 包粮运输过程中，包装过于简单或过于复杂均会导致粮食损耗。相比于散粮运输，包粮运输存在着机械化程度低、效率低、损耗高、物流成本高等问题。[②]《粮食流通管理条例》[③] 第十四条要求"严格执行国家粮食运输的技术规范，减少粮食运输损耗"。《粮食运输技术指南（试行）》[④] 更是对运输环节的节粮减损工作做了详细规定，要求粮食托运人、承运人提前做好粮食安全运输准备，应用好出入粮库运输技术，做好在途粮食安全、质量管理工作，推广粮食多式联运技术等。

104 什么是过度加工？

粮食的过度加工[⑤]指的是为了美化成品外观、提升产品口感、满足市场需求而对原粮进行超出必要程度的加工处理，造成成品粮出品率低、营养素流失，最终导致粮食数量损失的现象。粮食的过度加工现象较多发生在以下三个领域[⑥]：

（1）稻米加工领域。消费者对"精、细、白"大米的片面追求导致稻米加工企业通过去除外层稻糠、使用漂白剂、增加抛光道数，不断提高稻米加工精度。但过度的抛光会导致米胚全部脱落，糠层、胚芽中的维生素、脂肪以及谷维素等功能性成分几乎全部流失，大米出品率大幅下降。

---

① 朱聪，曲春红，王永春. 中国粮食全产业链的损失与浪费研究［J］. 农业展望，2022，18（8）：76-83.
② 王佩琦，高兰. 我国粮食产后损失情况概述［J］. 现代食品，2021（6）：1-4.
③ 《粮食流通管理条例》（中华人民共和国国务院令第 740 号）。
④ 《粮食运输技术指南（试行）》（国粮仓〔2023〕136 号）。
⑤ 高小云. 粮油加工环节存在的质量安全问题与对策［J］. 食品安全导刊，2023（18）：24-26.
⑥ 王彬. 粮油过度加工现状及治理对策［J］. 粮油与饲料科技，2020（3）：4-6.

（2）小麦制粉领域。除去含有大量粗纤维的麦麸可以改善面粉的口感和粉色，小麦制粉的加工过程本就会使一部分富含营养成分的糊粉层和胚部进入麦麸中。随着加工精度的不断提高，糊粉层和胚部进入麦麸的比例也不断提高，甚至会出现糊粉层几乎被完全磨光的情况。而使用增白剂漂白面粉的操作更会直接破坏维生素 A，降低面粉中维生素 A 的含量。

（3）油脂精炼领域。油脂精炼过程中的过度加工，主要体现在脱胶、脱酸、脱色以及脱臭等阶段，其中脱臭是造成营养素流失量和危害物形成量最多的工序。为使油脂呈现无味，脱臭环节必不可少。但过高的脱臭温度和过长的脱臭时间会脱除油脂中的部分营养素，还会形成一些有害物质，出现脱臭过度的情况。

105. 什么是工业用粮？

工业用粮[1][2]是指通常不直接用于人类食用，而是通过工业加工转化为各种工业产品的粮食原料。工业用粮主要来源于各种谷物，如小麦、玉米、水稻、大豆等。这些粮食原料经过加工处理，可以生产出各种工业产品，主要包括以下几类：①酒精和酒精制品。谷物中的淀粉经过发酵和蒸馏，可以转化为酒精，用于生产各种酒类、酒精饮料和工业酒。②淀粉及其衍生品。谷物中的淀粉是一种重要的工业原料，可以用于生产食用淀粉、玉米糖浆、酒精、生物燃料等。③食用油和油脂。谷物中的油籽或油果可以经过压榨或提取过程，提取出食用油和油脂，被广泛用于烹饪、调味、食品加工等领域。④饲料和饲料添加剂。谷物中的蛋白质和其他营养物质可以被提取和加工成饲料添加剂，用于提高

---

[1]　胡小平，郭晓慧．2020 年中国粮食需求结构分析及预测：基于营养标准的视角 [J]．中国农村经济，2010（6）：4-15.

[2]　宋亮．对当前我国粮食消费的分析 [J]．中国粮食经济，2019（6）：55-56.

动物饲料的营养价值。

106. 如何在工业用粮的生产加工过程中减少粮食损失和浪费？

　　工业用粮的生产和利用涉及多个环节和产业。科学合理地利用工业用粮，切实解决工业用粮生产加工过程中的粮食损失和浪费问题，对于保障粮食安全具有重要意义。在工业用粮的生产加工过程中减少粮食损失主要有以下三种方法：①优化生产工艺。通过优化生产工艺，采用先进的设备和技术，实施自动化生产线，减少人为操作和工艺误差，提高生产效率和产品质量，减少工业用粮加工过程中的资源浪费和损失。[1] ②循环利用副产品。合理利用加工过程中产生的副产品和废料，进行资源综合利用，如玉米淀粉渣的蛋白

---

　　① 吴少堂，吴娜娜，吴非霏. 我国稻谷加工业的现状问题、发展路径及对策建议：对41家粮食企业的调查报告［J］. 中国粮食经济，2023（9）：45 - 49.

质含量高，适口性好，可以将其作为猪饲料中玉米、豆粕的替代原料①，进一步提高粮食资源的利用率。③加强质量管理。建立健全质量管理体系，严格控制工业用粮加工过程和成品质量，避免因质量问题造成废品损失和粮食浪费，保障产品质量和生产效率。②

107. 什么是粮食的不合理加工转化？

不合理加工转化会导致更多的粮食损失，粮食的不合理加工转化主要有以下四种情况③④：①过度加工。对原料的过度磨损、过度脱水、过度漂白等处理会导致营养成分流失，降低成品粮出品率，造成原粮损失。②加工方法不当。在原粮加工过程中使用的加工方法不恰当，如温度过高、时间过长，会导致成品粮质量下降。③添加剂过多。在加工过程中过度使用化学添加剂、防腐剂和色素，在提升成品粮口感、外观的同时，也必然以营养成分流失为代价，甚至可能给消费者带来健康风险。④环境污染。不合理的加工转化可能导致废弃物排放过多或废弃物处理不当，造成环境污染。

解决粮食不合理加工转化的问题，需要从加强政府监管、提升加工技术、引导消费者树立正确消费观念等多方面着手。首先，政府应加强对粮食加工行业的监管，制定严格的食品安全标准和加工规范，确保粮食加工过程中不过度使用有害物质，减少营养流失。其次，提升粮食加工技术，采用现代科学技术改进加工流程，减少不必要的加工环节，保留粮食的营养成分。再次，扭转消费者对

---

① 杨加豹，陈瑾．玉米淀粉渣：猪饲料中玉米、豆粕的优选替代原料［J］．四川畜牧兽医，2024，51（2）：2-4.

② 王玲．中国小麦消费结构分析及深加工发展展望［J］．农业展望，2014，10（11）：75-79.

③ 王芊．粮油加工过程损失现状及对策［J］．食品安全导刊，2022（1）：63-65.

④ 宋旸，虞家琳．粮油制品过度加工带给我们什么［N］．中国食品报，2010-09-13（1）.

"精米白面"过度追求的局面，通过加强品牌建设和市场宣传，引导消费者选择健康、安全的粮食加工产品。

108. 如何引导消费者合理消费？

提升公众对健康饮食的认识是引导消费者合理消费的重要一环。[1][2] ①在这个信息爆炸的时代，媒体扮演了传递知识的关键角色。利用媒体和社交平台发布关于合理消费的信息和案例，向消费者传授粮食的正确储存方法和技巧，呼吁消费者在购买食物时合理计划食物的数量和种类，避免因购买过多而导致浪费，引导公众形成合理消费的文化和习惯。②学校和社区则是直接接触公众的平台。通过这些渠道开展丰富多样的宣传教育活动，不仅可以普及基本的营养知识，还能针对不同年龄、不同需求的群体提供定制化的饮食指导。例如，学校可以通过课程和互动活动让学生理解均衡饮食的重要性，社区可以举办健康饮食讲座或烹饪展示，引导居民了解如何在日常生活中做到营养均衡。这种广泛而深入的健康饮食教育有助于逐渐改变公众的饮食习惯，从而促进粮食消费结构的优化。③政府和相关部门可以通过出台一系列相关政策措施来引导整个社会形成合理消费的氛围。例如，可以建立粮食节约和包装减少的奖惩机制，鼓励食品企业采取可持续包装措施，减少包装浪费和环境负担；同时，推动餐饮行业开展粮食减损行动，制定并推广节约餐食的标准和方法，引导餐饮企业合理控制食物采购量和服务量，减少餐食浪费。此外，还可以通过税收优惠政策、财政扶持等措施，鼓励企业和个人参与节约粮食和减少浪

---

① 王林，许陆林，刘思广. 高校食堂反餐饮浪费的对策分析 [J]. 食品安全导刊，2023 (13)：146－148，155.

② 樊琦，刘梦芸. 餐饮消费环节粮食浪费治理对策研究 [J]. 粮油食品科技，2015，23 (2)：104－107.

费的行动，共同推动社会形成绿色低碳、可持续发展的消费观念和生活方式。

109 粮食食品生产经营者在粮食节约方面应当履行哪些职责？

粮食经营者①是指从事粮食收购、销售、储存、运输、加工、进出口等经营活动的自然人、法人和非法人组织。食品生产经营者，是指一切从事食品生产和加工、食品销售和餐饮服务的单位或者个人②，包括食堂职工、食品商贩、食品工人等。粮食食品生产经营者涉及从粮食收获到粮食消费的全链条，在粮食节约方面责任重大，应当履行以下两类职责：

（1）粮食食品生产经营者应当依照有关法律、法规，建立健全生产、储存、运输、加工等管理制度。其中，生产管理制度应确保生产的粮食食品符合国家和地方相关的食品安全、质量标准，建立起完善的质量管理体系，包括从原料采购、生产加工、产品检测到成品出厂的全过程控制。储存管理制度则应注重对储存环境控制、储存设施维护、温度湿度监测、防虫防霉措施的规定。规范的运输管理制度应涉及运输工具选择、包装要求、运输过程记录、货物装卸要求、运输安全检查、运输员工培训等方面。加工管理制度应包含加工环境管理、原料管理、加工工艺控制、卫生检查监控、人员培训管理、产品质量控制、生产记录和产品追溯等内容。

（2）粮食食品生产经营者应当按照《反食品浪费法》的相关规定，引导消费者合理消费。具体来说，餐饮服务经营者应当在醒目位置张贴或摆放反食品浪费标识，或由服务人员主动提醒引导消费

---

① 《粮食流通管理条例》已经2004年5月19日国务院第50次常务会议通过，国务院令第407号公布，历经2013年、2016年、2021年三次修订。

② 《中华人民共和国食品安全法》（中华人民共和国主席令〔2021〕第八十一号）。

者适量点餐，不得诱导、误导消费者超量点餐，按需提供小份餐，根据消费者需要提供公勺公筷和打包服务，还可以对参与"光盘行动"的消费者给予奖励。

⑩ 公民和社会团体在粮食节约方面有哪些义务？

倡导爱粮节粮，每一位公民和每一个社会团体都责无旁贷。[1][2]

普通公民应做爱粮节粮的倡导者和宣传者。树立文明、健康、理性、绿色的消费理念，培养形成科学健康、物尽其用、杜绝浪费的良好习惯，反对铺张浪费，反对讲排场、摆阔气，培育节俭风尚。普通公民应做爱粮节粮的践行者，避免购买和烹饪过量的食物，合理安排饮食，外出就餐时提倡打包剩余饭菜，学习和掌握一些基本的食物储存和处理技巧，减少食物浪费。

社会团体的体量大，影响力广泛，在爱粮节粮行动中应该发挥更大的作用。社会团体需要加强对本单位食堂的管理，定期开展节

---

① 李黎．齐心协力打好制止餐饮浪费"持久战"［N］．中国食品安全报，2023－12－21（B4）．

② 《关于厉行节约反对食品浪费的意见》（中办发〔2014〕22号）．

约粮食检查，纠正浪费行为。社会团体需要做好宣传教育工作，通过举办讲座、研讨会、展览等爱粮节粮主题活动，拍摄公益广告，引导公众关注粮食浪费问题，向公众普及爱粮节粮的重要性。社会团体需要做好引导工作，如餐饮行业协会制定减少食物浪费行动倡议书，引导消费者合理点餐；公益团体发起食品捐赠活动等公益项目，号召社会各界共同行动起来引导全社会形成良好的粮食节约风尚；科研机构积极研发和推广新技术，优化粮食生产、流通和消费各环节操作流程，提高粮食资源的利用效率。社会团体还可以与政府部门合作，积极参与到相关法律法规的制定和实施监督中。

⑪ 粮食食品学会、协会等在粮食节约方面可以发挥哪些作用？

作为粮食领域的重要社会组织，粮食食品学会、协会需要在节约粮食方面发挥引领和推动作用。

（1）粮食食品学会、协会应当依法制定和完善节约粮食、减少损失损耗的相关团体标准[①]。在充分调研行业现状后，粮食食品学会、协会应组织专家委员会或工作组，制定初步的节粮减损标准草案，向社会公众、行业组织和政府部门征求意见和建议后，对标准草案进行修订和完善，并最终确定标准内容。标准正式发布后，粮食食品学会、协会还应该积极推动标准的实施和执行，加强对行业企业的指导和培训。

（2）粮食食品学会、协会在节约粮食知识普及和宣传教育方面也可以扮演重要角色，充分利用自身强大的社会影响力。粮食食品学会、协会可以通过举办各种形式的宣传教育活动，如讲座、研讨会和展览等，发布爱粮节粮公益广告和倡议书，向公众普及节约粮

---

① 陈静．标准引领节约新风餐饮浪费或将再"刹车"［N］．中国市场监管报，2023－06－01（7）．

食的重要性和方法，在全社会营造爱粮节粮的良好风尚。此外，粮食食品学会、协会还可以通过举办学术交流大会，在科研院所与企业间牵线搭桥，推动粮食收获、储存、加工等领域的技术创新，提高粮食利用率，减少粮食损失浪费。

⑫ 节约粮食、减少损失损耗的相关团体标准有哪些？

在粮食收获环节，中国农业机械化协会发布了《小麦机械化收获作业减损技术规程》（T/CAMA 101—2023）、《玉米机械化收获作业减损技术规程》（T/CAMA 100—2023）、《水稻机械化收获作业减损技术规程》（T/CAMA 99—2023），山东农学会发布了《小麦玉米"吨半粮"生产能力建设技术规范第 6 部分：减损收获》（T/SAASS 102.6—2023），临沂市食品工业协会发布了《玉米籽粒机械化收获减损技术规程》（T/LYFIA 049—2023）。

在粮食储存环节，湖北省粮食行业协会发布了《江汉大米第 3 部分：稻谷储存技术规程》（T/HBLS 0021.3—2023），吉林省粮食行业协会发布了《吉林大米储存运输规范》（T/JLLHXH 17—2021）、《吉林鲜食玉米储存运输规范》（T/JLLHXH 11—2021），中国粮油学会发布了《优质籼稻储存品质判定规则》（T/CCOA 9—2020），沈阳物流行业协会发布了《大米包装与储存运输规范》（T/SYWLXH 0009—2018），佛山市禅城区质量技术协会发布了《稻谷储存品质判定规则》（T/CCZX 1—2017）。

在粮食加工环节，中国标准化协会发布了《智慧厨房预制食材节粮减损技术指南》（T/CAS 495—2022），馆陶县黑小麦产业服务协会发布了《馆陶黑小麦加工节粮减损技术规程》（T/GTHXM 001—2021）。

在粮食消费环节，运城市餐饮住宿行业协会发布了《运城市餐饮反食品浪费行为规范》（T/YCCZ 001—2024），中国中小商业企业协会发布了《餐饮企业反食品浪费实施指南》（T/CASME 1105—

2023），河南省餐饮与饭店行业协会发布了《餐饮业反食品浪费监测与评估》（T/HNSCFX 011—2023），淄博市团餐行业协会发布了《餐饮服务单位反食品浪费工作规范》（T/ZBTCXT/ZBTCX 001—2023），大连市美食文化协会发布了《餐饮服务单位反食品浪费行为规范》（T/DLMSWH 028—2023A），无锡市烹饪餐饮行业协会发布了《餐饮服务单位反食品浪费行为管理规范》（T/WXCY 0009—2023），珠海市标准化协会发布了《社会餐饮服务企业反食品浪费管理规范》（T/ZHAS 23—2023）等。

113. 节约粮食知识普及和宣传教育工作主要有哪些形式？

节约粮食知识普及和宣传教育工作主要包括如下形式①：①教育培训活动。开展节约粮食的教育培训活动，如举办专题讲座、培训班、研讨会等，邀请专家学者和行业人士分享节约粮食的相关知识和经验，提升公众和从业人员的意识和能力。②媒体宣传报道。利用电视、广播、网络等各类媒体平台开展节约粮食的宣传报道，发布相关新闻、文章、专题报道等，引导公众关注和参与节约粮食行动。③社区互动活动。在社区、学校、企业等场所组织开展厨余垃圾分类、健康饮食指导等节约粮食互动活动，通过互动体验引导公众形成节约粮食的良好习

---

① 中共中央办公厅、国务院办公厅印发的《粮食节约行动方案》（2021 年第 32 号）。

惯。④科普资料宣传。编制和发布节约粮食的科普宣传资料，如宣传册、海报、手册、视频等，以简明易懂的方式介绍节约粮食的知识、技巧和方法，提高公众的认知和理解。

案例16 山东省德州市推进全链条节粮减损集成改革①

2023年12月，山东省德州市以其创新的全链条节粮减损集成改革成功入选农业农村部的2023年全国农村改革典型案例名单。德州市坚持"减损就是增产"的理念，在抓好产能建设基础上，围绕粮食产后全链条、各环节存在的损失浪费问题，实施"颗粒归仓、微损存储、低耗运输、粮尽其用、文明餐桌、节粮家风"六大行动，探索出一条稳粮保供的新路径。

（1）收获减损："颗粒归仓"行动。把机收减损作为粮食收获环节减损的重点工作，完善农机具购置、农机手培训等政策，确保农机具的先进和农机手的专业。在农机具方面，加大农机购置补贴资金投入力度，严格落实农机购置补贴政策，推进现有农机装备更新换代。在农机手方面，推动机收作业质量纳入农业生产服务合同，发挥农机企业、农机技术推广机构等社会化服务组织作用，多渠道、多形式开展机收减损培训，在全市组织开展机收减损技能大比武，推动机收作业提质减损。

（2）储粮减损："微损存储"行动。推进农户科学储粮工程，发放农户科学储粮示范仓，创建"全市农户科学储粮示范村"。实施绿色仓储工程，落实烘干仓储用地按农业设施用地标准、用电按农业用电标准政策，试行按用气量、用电量等方式给予烘干补贴政策，支持新建扩建高标准粮。在粮食产量高的重点镇规划建设区域性为农服务中心，强化烘干、仓储等配套设施建设，推

---

① 农业农村部政策与改革司于2023年12月22日发布的《2023年全国农村改革典型案例拟推介名单公示》（索引号：07B241203202300975）。

动为农服务中心与粮食产后服务中心代清理、代干燥、代储存、代加工、代销售"五代"服务的结合。

（3）运输减损："低耗运输"行动。加强粮食运输基础设施建设，提升粮食运输路域环境，持续推进"四好农村路"提质增效行动，超额完成农村公路改造工作。按照国家和行业标准，鼓励使用散粮专用汽车和集装箱等单元化运输装备及配套技术，加强运输体系建设。

（4）加工减损："粮尽其用"行动。实施"食品名市"战略，建设中国（德州）农业食品创新产业园项目。认真落实粮油成品加工国家标准，探索建立节粮减损加工领域地方标准，鼓励粮油加工企业工艺创新。引导饲料企业利用粮油加工业副产品、农副产品下脚料，积极开发微生物和昆虫等饲料资源，替代部分玉米和豆粕，优化调整饲料配方结构。

（5）消费减损："文明餐桌"行动和"节粮家风"行动。制定《德州市反餐饮浪费条例》，杜绝餐饮浪费。创建节约型机关，严格管理公务活动用餐。将"文明餐桌""光盘行动"等纳入文明城市、文明单位、文明村镇、绿色校园、文明餐饮示范店等创建内容，将节粮减损纳入市民公约、村规民约、行业规范。开展"反对浪费、文明办事"移风易俗行动，开展婚宴浪费整治试点。组织媒体开设"拒绝舌尖上的浪费"等专题专栏，征集爱粮节粮公益广告，结合"世界粮食日"等活动积极开展节粮减损宣传。

第九章　加强粮食监督管理

14 哪些部门应当依照职责对粮食生产、储备、流通、加工等实施监督检查？

《粮食安全保障法》第五十八条明确规定了，县级以上人民政府发展改革、农业农村、粮食和储备、自然资源、水行政、生态环境、市场监督管理、工业和信息化等有关部门应当依照职责对粮食生产、储备、流通、加工等实施监督检查，并建立粮食安全监管协调机制和信息共享机制，加强协作配合。以下将分别针对相关主体不同环节的监督检查职责进行详细说明：

（1）县级以上发展改革、自然资源、水行政以及生态环境等部门，应当严格对各类用地进行严格监督管理[1]，依据"占补平衡"原则，保障本级行政区域耕地数量安全目标，提高耕地质量。

（2）县级以上农业农村部门应当加强对农业生产环节的监督检查，包括对农业生产用地的管理、农业生产技术的指导和推广、农药化肥等农业生产资料的安全使用和合理使用等方面的监督检查。[2]

（3）县级以上粮食和储备行政管理部门应当在本级人民政府的统一组织领导下，负责本行政区域粮食收购、储存、运输和政策性

---

[1]　范战平，赵启航. 耕地占补平衡制度：历程·问题·建议［J］. 哈尔滨师范大学社会科学学报，2023，14（1）：66-69.

[2]　高洪洋，胡小平. 我国政府粮食储备监督检查：博弈分析、机制构建与制度保障［J］. 农村经济，2022（11）：105-114.

粮食购销活动中粮食质量安全的监督管理工作。①②

（4）县级以上市场监督管理部门应当加强对粮食市场和流通各环节的监督管理，保障流通粮食的质量安全③，防止粮食市场价格虚高，同时加强对粮食流通企业的监督检查，确保合法规范经营，保障消费者合法权益。

115. 什么是粮食安全监管协调机制？

2022 年 10 月 25 日，新疆维吾尔自治区十三届人大常委会第三十五次会议表决通过《新疆维吾尔自治区粮食安全保障条例》④，该条例规定："县级以上人民政府建立健全粮食安全监管综合协调机制，加强粮食质量安全检验检测机构和监管能力建设；相关部门建立健全粮食安全监管信息化平台、质量追溯管理体系、粮食经营者粮食质量安全信用档案、守信联合激励和失信联合惩戒机制等，确保粮食质量安全。"

2023 年 12 月 29 日第十四届全国人民代表大会常务委员会第七次会议通过的《粮食安全保障法》再次强调应当由多部门联合建立健全粮食安全监管协调机制和信息共享机制，强化协作配合，共同保障粮食安全。

粮食安全监管协调机制⑤是指由多个部门或机构组成的协调合作机制，旨在统筹、协调、推动粮食安全监管工作的开展，涉及政

---

① 《政府储备粮食质量安全管理办法》（国粮发规〔2021〕30 号）。

② 《关于做好 2023 年粮油收购及政策性粮食销售监督检查工作的通知》（国粮办执法〔2023〕106 号）。

③ 《江苏省地方政府储备粮食质量安全管理办法》（苏粮法规〔2021〕1 号）。

④ 《新疆维吾尔自治区粮食安全保障条例》（新疆维吾尔自治区第十三届人民代表大会常务委员会公告第 79 号）。

⑤ 李俊霞．《中华人民共和国粮食质量安全监管办法》解读［J］．当代农机，2024（2）：60-62．

府部门、行业协会、科研机构等多方力量，其核心目标是保障粮食安全、提升监管效能。在我国，粮食安全监管协调机制组成部门主要包括县级以上人民政府发展改革、农业农村、粮食和储备、自然资源、水行政、生态环境、市场监督管理、工业和信息化等。通过该机制形成跨部门、跨行业、跨地区合作，实现全方位、全过程、全链条粮食安全监管体系。[①]

（1）各参与部门和机构需要明确自身的职责和任务，并形成协同合作的工作模式，如农业部门负责粮食生产环节的监管，食品安全监管部门负责粮食加工和食品安全监管，市场监管部门负责粮食流通环节的监管等。此外，还需要建立相应的协调机构或工作组，负责统筹协调各部门之间的合作，解决监管中出现的跨部门矛盾。

（2）需要建立健全的信息共享和沟通机制。在全过程监管中，及时、准确的信息是保障良好监管效果的重要因素。因此，各参与部门和机构需要建立信息共享的平台和机制，实现监管信息的共享和交流，包括对粮食生产、加工、流通等环节的信息收集和发布，对粮食安全风险的预警和应对，以及对监管工作的评估和反馈等。

（3）需要强化法律法规和制度建设。粮食安全监管工作需要有法可依、有章可循，各参与部门和机构需要不断完善相关法律法规和监管制度，加强监管手段和措施的科学性和有效性，同时加强对监管人员的培训和队伍建设，提高监管人员的专业水平和执行能力，确保粮食安全监管工作的顺利开展。

16 什么是粮食安全监管信息共享机制？

粮食安全监管信息共享机制[②]是指建立在国家粮食安全监管体

---

① 陈光. 我国粮食安全保障立法研究［D］. 兰州：西北师范大学，2023.
② 陈香秀. 粮食质量安全监管体系研究［J］. 现代食品，2023，29（6）：108-110.

系基础之上的一种信息交流和共享机制。它涉及政府部门、农业生产者、粮食加工企业、科研机构、社会组织以及消费者等多方主体，旨在通过信息共享、互动沟通和合作协调，实现对粮食生产、流通、储存和消费全过程的监管，以确保粮食的质量安全、供应充足和可持续发展。

"粮食安全监管信息共享机制"可以追溯至《国家粮食和物资储备局办公室关于进一步加强粮食储备协同监管的通知》①所提出的"加强粮食储备协同监管"，该通知针对储备粮食的协同监管进行了清晰分工，明确了协同监管责任。除此之外，目前尚无法律规定对粮食安全监管信息共享主体相关权责进行明确。根据已有社会实践，在实施粮食安全监管信息共享机制时，各方都有相应的责任：①监管部门需要建立健全的信息共享平台，及时将相关信息公开和共享，并利用现代技术手段进行监测和分析，确保信息的准确性和及时性；②农业生产者和粮食加工企业应积极参与信息共享，配合监管部门的政策指导和技术支持，提高生产和加工质量，保障粮食的安全；③科研机构和社会组织则可以提供技术支持和专业意见，促进机制的优化和改进；④消费者也应通过监管部门提供的信息平台，及时反映粮食安全问题，积极参与到监管中来，共同维护粮食安全。

粮食安全监管信息共享机制通过建立多方参与的信息共享平台，提高了监管效率和准确度②，增强了社会各界对粮食安全问题的共识和参与度，为确保粮食质量安全、供应充足和可持续发展提供了重要支撑和保障。随着信息技术的不断发展和社会各界对粮食安全问题的关注度不断提高，粮食安全监管信息共享机制将发挥越

---

① 《国家粮食和物资储备局办公室关于进一步加强粮食储备协同监管的通知》（国粮办执法〔2020〕407号）。

② 朱雪平，黄小明，彭广成.粮食购销领域监管信息化方案研究探讨〔J〕.广东通信技术，2023，43（12）：27-32.

来越重要的作用。

🔟 什么是粮食安全信息发布机制？

粮食安全信息发布机制①是指为了确保粮食生产、流通、消费等各环节的信息及时、准确、全面地传递给相关决策部门和公众，所建立的一套信息发布和管理的制度。该机制涵盖了信息的采集、整理、审核、发布和反馈等多个环节，通过及时准确发布粮食安全信息保障粮食市场稳定、促进粮食产业健康发展、保障消费者的合法权益。根据已有社会实践，粮食安全信息发布机制主要包括：

（1）信息收集与核实，通过多个渠道收集粮食生产、库存、价格、需求等相关信息，并进行核实和筛选，确保发布的信息准确无误。

（2）选择信息发布平台，选择合适的媒体和平台发布粮食安全信息，如政府官方网站、新闻发布会、社交媒体等，以便公众能够及时获取相关信息。

（3）定期发布粮食生产与市场信息，根据粮食生产和市场变化情况定期发布粮食安全信息，如发布季度、年度报告等，以便公众了解粮食安全的整体情况。

（4）粮食领域热点解读，针对粮食安全领域的热点问题和突发事件，及时发布解读和应对措施，引导公众理性看待和应对。省级粮食部门要建立粮食质量安全信息通报机制和国有粮食企业质量安全情况报告制度，加强风险管控，构建资源共享、统一高效的粮食质量安全信息平台。加强粮食质量安全舆情监测，妥善做好突发事件和敏感问题舆情应对，主动回应社会关切。

（5）信息反馈与互动，建立公众反馈渠道，及时收集和处理公

---

① 《农产品质量安全信息发布管理办法（试行）》（农质发〔2010〕10号）。

众对粮食安全信息的意见和建议，增强政府与社会之间的互动性，让公众与政府的沟通更加密切，反映问题更加便捷。

粮食安全信息发布主要包括如下内容：①各类储备粮食质量安全例行监测、监督抽查、专项监测结果等信息；②生产引起的粮食质量安全事故及其处理情况等信息；③消费者或媒体反映的粮食质量安全问题的调查核实及处理情况等信息；④其他依法由农业部门发布的粮食质量安全信息。

粮食安全信息发布机制对于保障国家粮食安全、维护社会稳定和促进经济发展具有重要意义。通过建立有效的信息发布机制，可以提高公众对粮食安全的认知度，增强政府决策的透明度和公信力，促进粮食生产和供应链管理的持续优化。

118. 哪些情形属于编造、散布虚假的粮食安全信息？

《粮食安全保障法》第五十九条明确规定，任何单位和个人不得编造、散布虚假的粮食安全信息。虚假粮食安全信息会误导公众，扰乱粮食市场秩序，甚至可能对国家安全和社会稳定造成不良影响。以下是一些属于编造、散布虚假的粮食安全信息的情形：

（1）捏造粮食生产数据，包括虚构粮食产量、种植面积、收获情况等，导致公众对粮食供应状况产生误解。

（2）夸大或隐藏粮食质量问题，故意夸大或隐藏粮食中的有害物质含量、营养成分等，误导消费者做出错误的购买决策。

（3）散布粮食短缺谣言，制造或传播关于粮食短缺、供应中断等不实信息，引发社会恐慌和抢购风潮。例如，2020 年 4 月 3 日，有网民在微信群里散布“抢粮食”信息并留下联系方式。[①] 经新泰

① 杜宇．为促销大米，男子编造“粮食抢光”虚假信息，已被行拘［N］．每日经济新闻，2020-04-07.

市公安局核查，该事件是由 34 岁的粮店店主王某为促销面粉大米而引起的，王某在多个微信群聊中散布"粮店超市的粮食均被抢光"的虚假信息。新泰市公安局依据《中华人民共和国治安管理处罚法》有关规定，对王某处以行政拘留。

（4）伪造粮食市场价格信息，编造虚假的粮食市场价格数据，扰乱市场秩序，影响粮食的正常流通和交易。例如，2020 年 10 月 19 日，江西某粮油公司法定代表人的女儿胡某某[①]在微信朋友圈发布数张"调价通知"，杜撰"全国粮食产量减产严重，粮价大幅度上涨，各大产区农民对稻谷惜售，造成原粮短缺哄抢"等信息，在网络上快速传播。国家粮食和物资储备局立即责成江西省粮食和物资储备局工作人员赴实地迅速调查核实相关情况。经核查，网传图片及内容系胡某某个人杜撰，所说灾情原因致全国粮食减产属于摘抄、引用，没有事实依据，并且夸大其词。江西省粮食和物资储备局已责令胡某某将发布的调价通知信息从微信朋友圈撤回，并要求已转发此信息的朋友删除该信息，同时胡某某个人在朋友圈发布道歉和澄清事实信息。

（5）篡改或歪曲粮食政策，对政府发布的粮食政策进行篡改或歪曲解读，误导公众对政策的理解和预期。

（6）利用网络平台传播未经证实的粮食安全事件和虚假信息，利用社交媒体、网络论坛等渠道编造和散布虚假的粮食安全信息，如未经证实的粮食污染、食品安全事故等，扩大传播范围和影响力，造成不必要的恐慌和损失。

上述行为不仅违反了相关法律法规，也损害了公众的合法权益和粮食市场的正常运行。为了维护粮食安全和市场秩序，相关部门应加大监管和打击力度，对编造、散布虚假粮食安全信息的行为进

---

① 张美儿. 散布"粮价大涨"谣言，三家粮食企业遭查处 [N]. 中国新闻网，2020 - 11 - 06.

行严肃处理。同时，公众也应提高警惕，不轻信未经证实的信息，共同维护粮食市场的稳定和健康发展。

⑪ 粮食生产、储存、运输、加工标准体系包括哪些内容？

粮食生产、储存、运输、加工标准体系是确保粮食安全、提高粮食品质和促进粮食产业可持续发展的关键，包括一系列标准和规范，旨在控制从源头到餐桌全过程的粮食安全。

（1）粮食生产标准涉及种植环境、播种时间、施肥、灌溉、病虫害防治、收获技术等方面的规范，旨在确保粮食生产的质量和产量。

（2）粮食储存标准包括粮食储存设施建设标准、储存环境控制要求等，具体包括仓库设计、温湿度控制、防虫害霉变等方面，旨在减少储存过程中数量损失和质量劣变，保证粮食安全。《中华人民共和国粮食工程建设行业标准》（LS/T 8014—2023）第九条指出，应根据储粮品种、气候条件等因素，因地制宜配备储粮工艺，包括机械通风技术、有害生物综合防治技术、控温技术、粮情测控技术等。同时，遵循智能监测、绿色环保、综合防治的原则，组合应用储粮工艺实现储藏功效。根据国家标准化管理委员会的统一安排，由国家粮食储备局（现国家粮食和物资储备局）标准质量中心牵头组织有关科研院校和全国主要粮食产区省级粮油产品检验机构，实施《稻谷储存品质判定规则》《玉米储存品质判定规则》《小麦储存品质判定规则》[①]，严格限定了标准使用范围，对储存品质指标进行调整，进一步规范粮食仓储管理。

（3）粮食运输标准涉及粮食从仓库到加工厂或市场过程中的安

---

① 黄光华，余擎宇.解读三项新粮食储存品质判定规则国家标准［J］.粮油仓储科技通讯，2007（6）：40-41.

全和卫生控制，包括运输工具的选择和维护、装载方法、防护措施、运输过程中的温度、湿度、通风等环境要求，旨在确保粮食在运输过程中不受损坏或变质。2023 年 11 月，中国宏观经济研究院综合运输研究所针对我国存在的国内运输设施短板、国际物流竞争力不足、国际运输保障能力不强等问题和面临的粮食国际运输不稳定、冲突与极端天气等风险，提出要丰富进口来源渠道，推动运输方式多元化，降低对国际粮食市场的依赖，补齐粮食运输设施短板，优化国际粮食运输设施格局，加快粮食物流设施建设，提升国际物流竞争力和物流服务质量，加强粮食储运风险应对能力，增强国际粮食市场突发事件应对能力和粮食储运与应急保障能力。

（4）粮食加工标准指的是将原粮转化为可食用产品过程中的质量和安全控制，包括粮食加工设备的选择和维护、加工工艺流程的规范、加工环境的卫生要求、产品质量检测标准等，旨在确保粮食加工过程中产品的安全、卫生和质量稳定。2023 年 3 月，国家粮食和物资储备局发布《稻米加工技术规程》（LS/T 1231—2023）等 11 项行业标准，规范粮食加工标准。[①] 粮食加工业是农业现代化的重要标志，是连接谷物生产和食品供给的桥梁纽带，也是节粮减损的关键环节。近年来，我国粮食加工业发展态势良好，加工水平不断提高，大型企业技术装备普遍达到国际领先水平，全谷物食品迅速发展，加工副产物综合利用水平不断提高；且依托于科技进步，加工过程中的节粮减损有一定推进，有助于推动粮食加工行业减粮增效，顺应高质量发展新要求。

⑳ 什么是粮食质量安全风险监测和检验制度？

《粮食安全保障法》第六十条明确规定：县级以上人民政府应

---

① 佚名. 国家粮食和物资储备局发布《稻米加工技术规程》等 11 项行业标准［J］. 现代面粉工业，2023，37（2）：53.

当建立粮食质量安全追溯体系，完善粮食质量安全风险监测和检验制度。

"粮食质量安全风险监测"最早见于《粮食和储备局关于印发粮食质量安全风险监测管理暂行办法的通知》[①]，该办法指出"粮食质量安全风险监测是系统性收集粮食质量品质、污染情况以及粮食中有害因素的监测数据及相关信息，并综合分析、及时报告和通报的活动。其目的是为粮食调控政策制定、粮食质量安全标准制修订、粮食质量安全风险评估、预警和交流、监督管理等提供科学支持。"根据该办法，粮食质量安全风险监测包括收购粮食质量安全监测、库存粮食质量安全监测、应急粮食质量安全监测和其他专项粮食质量安全监测。

（1）收购粮食质量安全监测，是指为指导粮食企业收购粮食、有效保护种粮农民利益、服务相关部门单位政策制定，对当年新收获粮食的常规质量、内在品质（营养品质、加工品质、食用品质等）情况和食品安全状况按程序和规范进行采样、检验、分析和评价等活动，一般分为质量调查、品质测报、安全监测等方面。

（2）库存粮食质量安全监测，是指为加强库存粮食质量安全管理，对库存粮食常规质量、储存品质和食品安全状况，按程序和规范进行采样、检验、分析和评价等活动。

（3）应急粮食质量安全监测，是指发现粮食可能存在质量安全隐患、处置粮食质量安全事故需要、应对公众关注的粮食质量安全风险等情况而开展的监测。

（4）其他专项粮食质量安全监测，是指用于评价特定粮食质量安全状况而开展的监测。

此外，该办法规定了监测计划制定、采样与检验流程、监测结

---

① 《粮食和储备局关于印发粮食质量安全风险监测管理暂行办法的通知》（国粮标规〔2022〕30号）。

果运用及监督管理等相关内容。粮食质量安全风险监测和检验制度的有效实施，不仅需要政府的严格监管和法律支持，还需要生产者、加工者、经销商和消费者的共同参与和责任担当。通过这种多方参与的合作模式，可以有效地降低粮食安全风险，保障人民群众的饮食安全和健康。

121. 县级以上人民政府有关部门依照职责开展粮食安全监督检查，可以采取哪些措施？

根据《粮食安全保障法》第六十一条，县级以上人民政府有关部门应当依照职责开展粮食安全监督检查，具体如下[①]：

（1）进入粮食生产经营场所实施现场检查。县级以上人民政府有关部门有权直接进入粮食加工、储存、销售等各个环节的现场，对生产经营活动进行实地查看。例如，在近年来内蒙古自治区[②]发生的一起粮食掺杂使假案件中，有关部门就是通过现场检查发现了问题线索，进而展开深入调查，最终成功破获了案件。现场检查不仅能够直观地了解生产经营状况，还能及时发现潜在的安全隐患，为后续的监管工作提供有力支持。

（2）向有关单位和人员调查了解相关情况。县级以上人民政府有关部门通过与粮食生产经营单位的管理人员、工作人员进行交流，可以深入了解生产经营过程中的实际情况，获取第一手资料，有助于监管部门更准确地判断是否存在违法违规行为，并为制定针对性的监管措施提供依据。对于各级粮食部门来说，还需要紧扣当地现实情况，结合粮食安全监督检查工作中的重点问题，有针对性

---

① 王达能. 湖南省粮食质量安全监测体系建设的建议 [J]. 中国粮食经济，2019（3）：64 - 66.

② 李旭. 内蒙古粮食质量安全监管存在的问题及对策探讨 [D]. 呼和浩特：内蒙古大学，2015.

地提出对粮食标准的修订意见。

（3）进入涉嫌违法活动的场所调查取证。包括搜集相关证据、拍摄现场照片、记录违法行为等。通过调查取证，监管部门能够固定违法事实，为后续的法律追究提供有力证据。

（4）查阅、复制有关文件、资料、账簿、凭证，对可能被转移、隐匿或者损毁的文件、资料、账簿、凭证、电子设备等予以封存。这些文件资料是了解粮食生产经营情况的重要依据，也是发现违法违规行为的重要线索。县级以上人民政府有关部门有权对这些文件资料进行查阅和复制，以确保信息的真实性和完整性。

（5）查封、扣押涉嫌违法活动的场所、设施或者财物。当发现存在严重违法违规行为时，县级以上人民政府有关部门有权对涉案场所、设施或财物进行查封和扣押，以防止违法行为继续发生或影响继续扩大。

（6）对有关单位的法定代表人、负责人或者其他工作人员进行约谈、询问。县级以上人民政府有关部门履行监督检查职责，发现公职人员涉嫌职务违法或者职务犯罪的问题线索，应当及时移送监察机关，监察机关应当依法受理并进行调查处置。

122 耕地保护和粮食安全责任制的考核机制是如何规定的？

《粮食安全保障法》第六十二条明确规定：省、自治区、直辖市对本行政区域耕地保护和粮食安全负总责，其主要负责人是本行政区域耕地保护和粮食安全的第一责任人，对本行政区域内的耕地保护和粮食安全目标负责。县级以上地方人民政府应当定期对本行政区域耕地保护和粮食安全责任落实情况开展监督检查，将耕地保护和粮食安全责任落实情况纳入对本级人民政府有关部门负责人、下级人民政府及其负责人的考核评价内容。对耕地保护和粮食安全工作责任落实不力、问题突出的地方人民政府，上级人民政府可以对其主要负责人进行责任约谈。被责任约谈的地方人民政府应当立即采取措施进行整改。

2015年国务院办公厅印发《粮食安全省长责任制考核办法》[①]，明确指出粮食安全省长责任制考核由发展改革委、农业部、粮食局会同中央编办、财政部、国土资源部、环境保护部、水利部、工商总局、质检总局、食品药品监管总局、统计局、农业发展银行等部门和单位组成考核工作组，坚持统一协调与分工负责相结合、全面监督与重点考核相结合、定量评价与定性评估相结合的原则，采取自查评分、部门评审、组织抽查和综合评价的步骤，针对增强粮食可持续生产能力、保护种粮积极性、增强地方粮食储备能力、保障粮食市场供应、确保粮食质量安全、落实保障措施等六个方面对各省、自治区、直辖市人民政府粮食安全省长责任制落实情况进行监督检查，并将检查结果作为各省、自治区、直辖市人民政府年度考核的重要内容。这一考核办法不仅侧重于结果的量化评估，还注重过程的质量控制和改进，从而确保粮食生产流通全链条各环节都符合我国对新形势下的国家粮食安全战略的贯彻落实。

2018年国务院办公厅修订了《省级政府耕地保护责任目标考核办法》[②]，该办法是为贯彻落实《中共中央　国务院关于加强耕地保护和改进占补平衡的意见》，坚持最严格的耕地保护制度和最严格的节约用地制度，守住耕地保护红线，严格保护永久基本农田，建立健全省级人民政府耕地保护责任目标考核制度，依据《土地管理法》和《基本农田保护条例》等法律法规制定的。该办法指出由国土资源部（现自然资源部）会同农业农村部、国家统计局负责组织开展考核检查工作，遵循客观、公开、公正，突出重点、奖

---

① 《国务院办公厅关于印发粮食安全省长责任制考核办法的通知》（国办发〔2015〕80号）。

② 《省级政府耕地保护责任目标考核办法》（国办发〔2005〕52号）。

惩并重的原则，实行年度自查、期中检查、期末考核相结合的方法，针对高标准农田建设任务、补充耕地国家统筹、生态退耕、灾毁耕地等实际情况提出考核检查指标建议，经审批通过后作为省级政府耕地保护责任目标。该办法明确省长是第一责任人，强调省级政府在耕地保护工作中的领导责任，全面覆盖耕地保护的各个方面，包括耕地保有量、耕地占补平衡等核心指标，利用国土资源遥感监测和综合监管平台进行科学、客观的考核。根据考核结果，对建设成效突出的省份给予表扬和奖励，对存在问题的省份要求明确整改措施并限期整改。

2023年初，中央颁布了《中共中央办公厅　国务院办公厅关于印发〈省级党委和政府落实耕地保护和粮食安全责任制考核办法〉的通知》，根据粮食安全党政同责的最新要求，将两项考核合并在一起，由发展改革部门牵头统一实施。该办法对考核对象、考核内容、考核步骤、考核结果运用等作出了全面规定，考核工作整体制度框架基本建立，主要有如下几个方面内容：①落实党政同责，明确国家对各省、自治区、直辖市党委、政府耕地保护和粮食安全责任制落实情况实行一年一考核；②突出考核重点，明确对突破耕地红线等重大问题实行"一票否决"；③规范考核程序，设置了省级自查、实地抽查等考核环节，确保考核结果客观公正；④强化结果运用，明确将考核结果作为领导干部综合评价、政绩考核、审计问责等重要参考，同时根据各地耕地保护目标完成情况，实施经济奖惩。

耕地保护和粮食安全责任制考核机制，通过一系列细致且全面的政策设计和执行措施，确保了粮食生产的基本资源得到有效保护，并且通过强化地方政府的责任意识和能力建设，全面提升了国家粮食安全保障能力。严格落实考核机制不仅对当前的粮食生产和耕地保护具有重要意义，也将为未来世代农业的可持续发展和粮食安全保障能力的持续提升建立更为坚实的基础。

案例17 某省某县张某某破坏永久基本农田案[①]

2020年12月，张某某在未办理用地手续情况下，擅自占用某县某镇某村26.76亩永久基本农田挖坑用于水产养殖。2021年3月某县自然资源局立案查处，责令改正和治理，恢复土地原貌和原种植条件，并处罚款47.93万元。由于当事人拒不履行行政处罚决定，2022年2月，某县自然资源局向某县人民法院申请强制执行，3月某县人民法院裁定准予执行。经某生态环境损害司法鉴定所鉴定，永久基本农田土壤损毁严重。同年4月某县自然资源局将涉嫌犯罪案件线索移送公安机关，5月某县公安局立案。2023年1月，某县人民法院判决张某某犯非法占用农用地罪，判处有期徒刑八个月，并处罚金一万元。某县自然资源局已将行政处罚未履行事项向某县人民法院执行局申请强制执行，2023年8月执行局公告强制执行恢复土地。

在本案中，自然资源主管部门与公安机关、法院等相互协作配合、步调一致，形成了打击非法占用农用地违法犯罪的合力，对破坏永久基本农田的行为做到了"零容忍"，发挥出强大的震慑效应。永久基本农田是依据规划确定的不得占用的优质耕地，保护永久基本农田，对于保障我国粮食安全有着十分重要的意义。根据《最高人民法院关于审理破坏土地资源刑事案件具体应用法律若干问题的解释》，"违反土地管理法规，非法占用耕地改作他用，数量较大，造成耕地大量毁坏的，依照刑法第三百四十二条的规定，以非法占用耕地罪定罪处罚"。对非法占用永久基本农田造成耕地种植条件毁坏等行为，自然资源主管部门将继续会同相关部门，依法严厉打击、严肃惩戒。

[①] 自然资源部公布12起非法占用农用地违法犯罪典型案例［N］. 中国自然资源报，2023-11-22（6）.

123. 公民或有关单位在粮食监督管理方面享有哪些权利？

随着社会的发展，粮食安全逐渐成为人们关注的焦点之一。粮食监督管理是确保国家粮食安全的重要手段，而公民及相关单位在这一过程中拥有一系列的权利。[①] 以下将就公民和相关单位在粮食监督管理方面的权利进行详细探讨：

（1）知情权，公民和相关单位有权了解国家粮食监督管理的政策、法规和执行情况。政府应该通过各种途径，如官方网站、媒体公告等，向公众传递与粮食安全相关的信息。同时，相关单位也应该通过与政府合作的方式，获取必要的监督管理信息，以便更好地了解粮食市场的动态。

（2）参与权，在制定粮食监督管理政策和法规时，公民和相关单位有权参与决策过程。政府应该通过公开听证、座谈会等形式，邀请社会各界的代表提出建议和意见，确保决策的公正性和民意的参与性。这有助于形成更科学、合理的监督管理政策，提高公众对粮食监督管理的认可度。

（3）监督权，公民和相关单位有责任监督粮食监督管理的执行情况。通过监督机制的建立，公众可以对政府和相关单位的监督管理行为进行评估，提出建议和批评。这有助于及时发现问题，防止滥用职权和腐败现象，确保监督管理体系的透明度和公正性。

（4）救济权，当公民和相关单位认为粮食监督管理行为侵犯了其合法权益时，有权寻求法律救济。政府应当建立健全的法律体系，明确粮食监督管理领域的救济程序，确保公众在面临不公正对待时能够寻求法律保护。在粮食监督管理领域，公民可能受到的不公正对待有虚假宣传、质量不合格、不公正定价、信息不透明以及

---

① 李淑娜．粮食储备监管条款的规范分析［D］．重庆：西南大学，2024.

粮食加工企业加工过程中可能存在违法行为，如生产过程中违反卫生标准、使用不合格原料等，损害消费者的合法权益。

（5）信息公开权，政府和相关单位有义务向公众公开与粮食监督管理相关的信息，包括监督管理政策、执行计划、监测结果等。公民和相关单位有权获取这些信息，并在法定范围内使用。这有助于建立开放、透明的监督管理体系，提高公众对粮食监督管理的信任度。

（6）投诉权，当公民和相关单位发现粮食监督管理违法、不当行为时，有权向相关监督管理部门提出投诉。政府应该建立便捷的投诉渠道，确保投诉得到及时、有效的处理。这有助于促使监督管理部门改进工作，更好地履行监督管理职责。

公民和相关单位在粮食监督管理方面拥有一系列的权利，既是对国家监督管理体系的信任基础，也是粮食安全的重要保障。政府和社会各界应共同努力，建立健全的粮食监督管理体系，保障公众的合法权益，实现粮食安全的可持续发展。

124 县级以上人民政府发展改革、农业农村、粮食和储备等主管部门在粮食监督管理方面应当履行哪些职责？

县级以上人民政府发展改革、农业农村、粮食和储备等主管部门在粮食监督管理方面承担着重要职责，这是确保粮食安全、促进粮食产业发展的关键。[①]

（1）县级以上发展改革和农业农村部门需要制定和执行粮食生产、流通、储备和监督管理的政策和规划，主要包括制定粮食生产目标、计划和措施，监督执行情况，确保粮食安全和市场稳定。例如，建立耕地质量和种植用途监测网络，采取土壤改良、地力培肥

---

① 彭玉娴. 粮食安全视域下我国粮食储备管理的优化 [J]. 粮食问题研究，2024（1）：45－49.

等措施，提高中低产田产能，逐步推进高标准农田建设工程，治理退化耕地，加强大中型灌区建设与改造，提升耕地质量。此外，上述部门还应当对农户提供相关技术支持和服务，包括种植技术、市场信息、财政补贴等，提高农户的粮食生产能力和收入水平。

（2）县级以上市场监督管理部门负责保障粮食市场的平稳运行，主要包括价格监测、市场供应情况监测、进出口情况监测等。及时发现和处理市场异常情况，维护市场秩序，保障粮食流通的有序进行。对粮食流通过程中不同主体的经营活动也应起到监管作用，包括粮食收购、运输、加工和销售等，打击非法经营行为，保障粮食流通秩序。此外，质量安全监督管理也是该部门的重要职责。主要包括监督粮食生产和流通过程中的质量安全，制定并执行粮食质量标准和安全标准，开展粮食质量检测和监测。

（3）县级以上粮食和储备部门对储备粮的采购、储存、轮换和调用等环节负责，从而确保储备粮储备安全、调度有效。应急管理是该部门的重要职责之一，需要制定和实施粮食应急预案，面对自然灾害、市场异常波动等紧急情况，该部门应当保障粮食调度有效和供应安全。

县级以上人民政府发展改革、农业农村、粮食和储备等主管部门在粮食监督管理方面的职责是全方位的，涵盖了从粮食生产到流通、储备、总体监管等各个方面的监督管理，需要在各司其职的基础上加强联系，密切配合，在确保粮食供应充足、保障粮食安全的基础上，促进当地粮食产业健康发展。

125 什么是粮食安全信用体系？目前有哪些应用？

《粮食安全保障法》第六十四条规定，县级以上人民政府发展改革、农业农村、粮食和储备等主管部门应当加强粮食安全信用体系建设，建立粮食生产经营者信用记录。单位、个人有权对粮食安全保障工作进行监督，对违反本法的行为向县级以上人民政府有关部门进行投诉、举报，接到投诉、举报的部门应当按照规定及时处理。

目前，尚无法律规定对粮食安全信用体系进行明确，《粮食安全保障法》首次提出建设粮食安全信用体系。根据已有社会实践，粮食安全信用体系是指以培养粮食收储、加工、销售企业遵纪守法为核心，建设相应的制度规范、运行机制和运行系统褒奖守信、惩戒失信，从而实现全面提高粮食安全建设水平、保障广大人民群众身体健康和生命安全。[1] 党的十八大以来，我国农产品质量安全状况持续改善，监管体系不断完善，但我国粮食质量安全信用体系尚在起步阶段和新发展阶段，我国农产品质量安全风险依然存在，相应的监管工作也存在诸多挑战。因此，需要通过加强信用体系建设来提升整体农产品质量安全水平。[2]

近年来，粮食安全信用体系建设在全国各省市落地了很多试点项目。早在 2005 年，江苏省政府就将无锡市和粮食行业确定为全省粮食安全信用体系建设的试点城市和行业。其中，"放心粮油"活动是体系建设的基础性工作，通过树立粮食生产优秀企业为典型、加强市场监管和严厉打击违规违法行为等一系列措施，成功推进无锡市粮食安全信用体系试点建设。2015 年，安徽省被国家粮食局确定为"粮食企业经营活动守法诚信评价试点省"，致力于打造粮食经营者守法经营诚信评价体系，通过坚持资源优化、坚持科学评价、坚持奖惩两手齐抓和坚持创新发展建立健全安徽省粮食安全信用体系。2018 年，山东省粮食局响应国务院和省政府的号召，扎实推进全省粮食企业信用体系建设，提出了"双随机"监管模

---

[1] 吴刚，郝兰凤. 全面推进粮食安全信用体系建设 [J]. 江南论坛，2007（3）：44-45.

[2] 陈珏颖，徐邵文，钱静斐. 农产品质量安全信用体系建设的国际经验及启示 [J]. 世界农业，2023（8）：5-12.

式，即通过建立粮食流通管理云平台，开发"双随机"电脑摇号系统，在抽查对象名录库和检查人员名录库中进行随机摇号开展抽查工作。同年，北京市全面推进粮食经营者诚信评价体系建设，建立健全覆盖全市的粮食经营者诚信管理体系，加强诚信宣传教育，加强记录粮食经营者信用信息，完善粮食经营信用信息管理台账，整合信用信息资源，推进信用信息合规应用。2022年，甘肃省张掖市粮食和物资储备局在"全国粮食企业信用监管平台"完善粮食企业基本信息，并对企业展开信用评价，积极建设粮食行业信用体系，不断完善新型信用监管机制。通过坚持用好信用评价标准、坚持完善信用监管负面清单和坚持完善信用监管机制，张掖市在打造高标准"知信、用信、守信"的粮食和物资储备行业的信用体系建设方面走在了前列。

案例18　分级管理涉粮案件　构建查办长效机制①

　　某省是粮食大省，是国家重要商品粮基地，粮食产量连续7年突破700亿斤，每年提供商品粮源300亿斤以上。面对粮食流通市场化、经营主体多元化，以及政策性粮食业务和市场化经营相互交织的复杂形势，某省粮食和物资储备局（以下简称省局）把涉粮案件检查工作作为维护粮食流通秩序，确保国家粮食安全的重要内容，在实践中探索出实施涉粮案件分类管理、分级办理工作机制，有效防范化解了各类风险。

　　（1）强化属地管理责任，不断完善监管机制。一是实施综合治理，解决拖欠售粮款问题。2016年，省局在某市试点，成立政府主导，粮食部门牵头，市场监管、公安等执法部门参加的综合治理解决拖欠售粮款工作机构，定期检查、重点抽查、区域

　　① 吉林省粮食和物资储备局：加强涉粮案件分级管理　探索构建案件查办长效机制［J］. 中国粮食经济，2020（9）：33-34.

联动执法，加强预防、整治和查处。经过两年多的整治，从2019年收购开始至今，某市没有发生过拖欠售粮款问题。二是加强政策性粮食库存监管。采取派驻监管员、远程监控、定期巡查等方式，预防用政策性粮食抵押贷款、质量隐患等问题发生。三是加强协调联动，做好政策性粮食出库监管。建立政策性粮食承储企业、加工使用企业所在市县之间的监管联动机制，确保政策性粮食真正实现定向销售，不发生违规问题。同时对政策性粮食出库企业实行重点约谈、"黑名单"管理、限制信贷、按规定判罚违约等措施，保证销售顺畅。

（2）成立省级案件检查组，突破重点难点问题。针对近年来涉粮案件的特点，2015年以来，某省先后组建了4个由省局直管的案件检查组。从全省选配质检、财务、统计等专业人员，由市县粮食部门执法督查分管领导或科长担任组长，在省局调度和指挥下工作，经费由省局承担。同时制订了《粮食流通监督检查重要案件审查工作制度》，成立重大案件审核委员会，对检查组办理的重大案件进行审核。几年来，先后调查了转卖定向销售粮食、最低收购价水稻"以陈顶新"等上级交办、群众举报或检查中发现的涉及粮食政策执行和管理的重点问题，确保了全省粮食库存数量真实、质量良好、储存安全。

（3）开展教育培训和实战演练，提高案件检查能力。按照理论与实践相结合的要求，省局有计划地开展对案件检查人员的培训和管理。开展定期业务培训，邀请执法部门人员授课，加强业务骨干培训，做到"三懂三会"，即：懂政策法规，会规范执法；懂粮食业务，会正确执法；懂行为规范，会文明执法。在开展培训的基础上，组织鼓励各地骨干力量和省级检查组人员参加库存检查等工作，在实践中锻炼队伍。同时积极争取各级财政支持，2019年落实执法专项经费190万元，有效保证了涉粮案件查处工作顺利开展。

第十章 强化粮食安全法律责任

126. 种植不符合耕地种植用途管控要求作物的，如何处罚？

耕地是重要资源，保护好它对粮食安全和生态环境至关重要。耕地上可以种什么，不能随心所欲，需符合"耕地种植用途管控"允许的类型，否则属于违法行为。一些地区种植不符合规定作物，严重影响耕地资源的保护和利用。这种现象不仅浪费耕地资源、降低利用效率，还可能污染环境、带来粮食安全风险。加强耕地保护与管理，提高管控要求，是减少浪费、保护生态环境、维护粮食安全的关键。①

根据《粮食安全保障法》，地方政府有责任加强耕地种植用途管控，一旦发现违规行为，应及时上报相关政府部门。种植不符合耕地种植用途管控要求作物的，由县级人民政府农业农村主管部门或者乡镇人民政府给予批评教育；经批评教育仍不改正的，可以不予发放粮食生产相关补贴；对有关农业生产经营组织，可以依法处以罚款。

另外，《中华人民共和国刑法》明确规定，非法占用耕地改作他用、数量较大且造成耕地毁坏的，处五年以下有期徒刑或者拘役，并处或者单处罚金。相应的司法解释和法规也强调，违法行为可能涉及刑事责任。违规从事建窑、坟墓、私房、采矿等活动，导致耕地荒漠化、盐碱化等现象，不仅需要整改，还将面临罚款或刑

---

① 宁都县人民政府．设施农业用地规矩多，不符合规定的如何处理？［EB/OL］.（2022 - 05 - 25）［2024 - 03 - 16］.

事处罚。非法占用永久基本农田用于林果业或者养鱼等其他用途，一经发现也会受到严厉处罚。因此，保护耕地资源、合法种植是每个公民的责任，是受到国家法律严格约束的范畴。[①]

针对违反相关通知精神、擅自改变耕地地类的行为，务必迅速整改，确保土地恢复到耕地状态。对于一般耕地地类的改变，应坚决恢复为原用途。在特定情况下，若恢复困难，县级政府需负责实施"进出平衡"措施，并接受省级自然资源主管部门和相关部门的联合监督。对于非法占用耕地的行为，必须依法惩处，并及时将涉嫌犯罪者移送司法机关追究刑事责任。对于严重违法行为，应采取果断措施予以制止，坚决维护土地管理秩序，保障粮食安全。

案例 19 基本农田建起养殖场[②③]

在某省某市，一家合作社私自占用 5 044 平方米永久基本农田建养牛场，引起了某市自然资源和规划局的注意。根据《基本农田保护条例》规定，该局对该合作社作出行政处罚：立即退还土地、拆除未经许可的建筑和设施，并支付总计 15.132 万元的罚款。这提醒人们保护基本农田的重要性，展示了依法惩治违法行为的决心。另外，某省某管委会处理了陈某某在某村擅自建猪舍的案件，发现其未取得规划许可证，依据《中华人民共和国城乡规划法》进行强制拆除。这体现了对城乡规划法律的严格执行，以及对违法建设行为的零容忍态度。两起案例均强调了遵守法律、确保城乡建设有序进行的必要性。

---

① 佳木斯市郊区人民法院. 耕地可以种什么？[EB/OL].（2024 - 01 - 09）[2024 - 03 - 16].

② 陈琛. 自然资源部通报的 29 宗农村乱占耕地建房典型案例 [N]. 中国自然资源报，2021 - 11 - 08（2）.

③ 本刊编辑部. 河南省国土资源系统公开曝光查处一批土地违法违规案件 [J]. 资源导刊，2010（2）：10 - 15.

127. 可以对承储政府粮食储备的企业或者其他组织哪些行为进行处罚？依据哪些行政法规？

在当前的社会管理体系中，政府粮食储备扮演着至关重要的角色，直接关系国家粮食安全和社会稳定。对于承储政府粮食储备的企业或其他组织，国家设立了一系列严格的管理规定和行政法规，以确保粮食储备的质量和数量得到有效保障。当这些承储主体违反相关规定时，将依据具体的法律法规进行处罚，以维护粮食安全体系的完整性和有效性。①

承储政府粮食储备的企业或者其他组织违反粮食储备规定的行为多样，包括但不限于：未能按照国家标准和储备要求对粮食进行适宜的存储管理，导致粮食品质下降或损耗；未经许可，擅自使用、调换或处置政府储备粮食；未按规定时限要求报告储备粮食的存储、轮换和使用情况，或者提交虚假报告；以及妨碍政府监督检查人员依法进行监督检查等行为。

《粮食安全保障法》明确规定了粮食管理的基本原则、粮食调控的基本制度以及粮食市场的基本规则，为粮食储备管理提供了法律基础。《粮食流通管理条例》和《中央储备粮管理条例》对粮食储备监管主体制度进行规定。《中华人民共和国行政处罚法》则为行政机关实施行政处罚提供了普遍适用的规范和程序。依据上述法律法规，对违法行为的处罚包括但不限于：警告、罚款、没收非法所得或违法物品、责令停产停业、暂扣或吊销许可证和执照等。在一些严重的情况下，还可能涉及刑事责任的追究。例如，若承储单位擅自处置政府储备粮食，可能被处以高额罚款并责令返还等价粮食；若因管理不善导致储备粮食大量损毁，除经济处罚外，相关负

---

① 姜启军．粮食安全视域下我国粮食储备管理的优化［J］．粮食经济研究，2024，15（1）：50-75.

责人还可能面临行政或刑事责任追究。

各级政府根据具体情况，还制定了一系列地方性法规和政策，进一步细化了粮食储备管理和违法行为处罚的具体要求。这些地方性法规和政策规定，与国家级法律法规共同构成了中国粮食储备管理的法律框架，确保了从国家到地方各级政府在粮食储备管理上的法律责任和行政责任得到明确和执行。

国家通过建立一套完善的法律法规体系，对承储政府粮食储备的企业或其他组织实施监管和处罚，旨在保障国家粮食安全，防止粮食储备在数量和质量上出现问题，确保在紧急情况下能够有效调控粮食供应，维护社会经济稳定。通过这种方式，既规范了粮食储备管理行为，又通过法律手段强化了粮食储备管理的责任制度，为中国粮食安全保驾护航。

128. 侵占、损毁、擅自拆除或者迁移政府投资建设的粮食流通基础设施，或者擅自改变其用途的，如何处罚？

侵占、损毁、擅自拆除或改变政府投资建设的粮食流通基础设施用途的行为，根据《国有粮油仓储物流设施保护办法》《粮食安全保障法》等相关法律法规，将受到严格的法律限制和处罚。这些措施的制定和执行旨在确保粮食安全，维护粮食流通秩序，保障国家和人民的根本利益，体现了国家对粮食流通基础设施的重视。

《国有粮油仓储物流设施保护办法》与《粮食安全保障法》共同构建了一套较全面的法律框架，旨在保障国家粮食流通基础设施的安全与有效运营。这些法律法规不仅明确禁止了擅自改变、非法处置或转移政府投资建设的粮食流通基础设施的所有权、管理权和使用权，还对违法行为设定了一系列的处罚措施，从而为粮食安全和流通效率提供了双重保障。

对于违背《国有粮油仓储物流设施保护办法》规定的行为，相关管理部门不仅会立即采取纠正措施，责令违规方限期改正，还可能依据法律法规给予警告或罚款，以此作为对违法行为的直接惩罚。此外，如果违规行为导致了不正当的经济利益，这部分违法所得将被没收，以削弱违法行为的经济动机。更进一步，如果违规操作造成了实质性的财产损失，违规方将依法承担相应的民事赔偿责任，保障受害方的合法权益；对于情节特别严重，触犯刑法条款的，将被追究刑事责任。这显示了国家对粮食流通基础设施保护的坚定态度和严格要求。

同时，《粮食安全保障法》进一步强化了对粮食流通基础设施的保护，明确指出任何单位和个人不得侵占、损坏或擅自拆除政府投资建设的粮食流通基础设施。这一规定的背后，是对于维护粮食市场稳定与公共利益的高度重视。法律还要求粮食经营者必须建立完善的粮食经营台账，并及时向管理部门报送粮食购进、储存、销售等关键信息，通过增强粮食流通的透明度，提升监管效能，从而确保粮食供应的稳定性和粮食市场的公平性。

⑫ 粮食应急状态发生时，不服从县级以上人民政府的统一指挥和调度，或者不配合采取应急处置措施的，如何处罚？

在粮食应急状态发生时，对于不服从县级以上人民政府的统一指挥和调度，或者不配合采取应急处置措施的个人或单位，将根据相关法律法规进行处罚。这种处罚措施旨在确保在粮食危机或其他紧急情况下能够迅速、有效地响应和处理，保障公共安全和社会稳定。① 处罚的目的是保证粮食安全应急措施能够得到有效执行，确

---

① 石磊. 充分发挥国家级粮食应急保障企业作用 坚决扛稳粮油应急保供责任[J]. 中国粮食经济，2022（5）：51-53.

保在粮食危机时能够保护最大多数人的利益。可能的处罚措施包括：①警告，对于轻微违规的个人或单位，可以先行警告，要求其改正；②罚款，对于拒不服从指挥、不配合应急处置的行为，可以处以一定金额的罚款；③行政拘留，对于严重阻碍应急管理、造成严重后果的个人，可能会依法实施行政拘留；④刑事责任，在特定情况下，如故意破坏粮食资源、妨碍国家应急管理秩序，构成犯罪的，将依法追究刑事责任。

130. 故意毁坏在耕地上种植的粮食作物青苗的，如何处罚？

故意毁坏在耕地上种植的粮食作物青苗是一种极其严重的犯罪行为，不仅损害了农民的合法权益，也影响了国家粮食安全和社会稳定。① 对于这样的行为，应该进行严厉的处罚，以维护法律的尊严和社会的公平正义。

从刑事处罚层面来看，依据相关法律规定，对于故意毁坏粮食作物青苗的行为，可以追究刑事责任，进行法律制裁。根据《中华人民共和国刑法》中关于故意毁坏财物罪的规定，对于故意毁坏农作物的行为将依法追究刑事责任。根据犯罪情节的轻重，可处以拘役或者有期徒刑，同时也可以处以罚金。此外，如果破坏行为涉及使用破坏性物质或者工具，加重了破坏的程度和后果，犯罪者将面临更加严重的刑罚。这种法律的制裁不仅可以对犯罪者进行惩罚，也起到了震慑其他潜在犯罪者的作用，有利于维护社会秩序和稳定。②

---

① 李桂红.《中华人民共和国粮食安全保障法》解读［J］. 当代农机，2024（1）：102-104.

② 李京泽，梁晓辉. 粮食安全保障法草案三审明确提升粮食质量安全［J］. 保鲜与加工，2024，24（1）：35.

从经济赔偿方面来看，除了刑事处罚外，还应该使犯罪者承担经济赔偿，赔偿农民因此造成的损失。[①] 粮食作物是农民的劳动成果，也是国家粮食安全的重要保障。一旦遭受破坏，不仅会导致农民的直接经济损失，还会影响国家的粮食供应和市场稳定。因此，犯罪者除了承担刑事责任外，还应该赔偿农民因此遭受的经济损失，包括作物损失、劳动补偿等各方面的费用，这种经济赔偿不仅可以帮助农民尽快恢复损失，也可以借此警示其他潜在违法犯罪者，减少违法犯罪行为发生。[②]

从社会教育和预防角度来看，应该加强对于粮食安全的宣传教育，提高全社会的法治意识和公德心，从根源上减少类似犯罪的发生。教育是预防犯罪的重要手段，通过加强对于法律法规的宣传，让人们了解破坏农作物的行为是违法犯罪的，会受到法律的严惩。[③] 同时，也要倡导人们尊重劳动、保护农民利益的社会价值观念，增强全社会的公德心和责任意识。另外，还可以通过加强对耕地的监控和保护，提高对于犯罪行为的预防和打击能力，减少犯罪事件的发生。

案例20　某县某乡强行锄挖农民玉米苗200余亩[④]

2008年某县某乡某村，农民有10亩玉米地出苗率不错，盼望着秋季能有个好收成。但乡干部蒋某带领9人以为了不影响果树生长，玉米必须锄挖掉，全部改种豆类为由，拿着锄头强行锄挖玉米苗6.5亩。某村村民杨某辉，因地里的玉米苗被锄挖，找

① 郭志一.新时代中国共产党保障粮食安全研究（2012-2022）[D].长春：吉林大学，2023.
② 穆中杰，傅颖，陈璐珂.《粮食安全保障法（草案）》完善之建议重新界定"粮食"概念[J].粮食科技与经济，2023，48（5）：1-4.
③ 罗芳香，丘文婷.粮食安全法律保障研究：评《民之天粮食安全法治保障体系研究》[J].粮食与油脂，2023，36（9）：163.
④ 秦东，董新银，郑鹏.为了"面子工程"毁了农民青苗[N].延安日报，2008-06-01（1）.

乡政府论理时，被打伤住院。据村民们反映，乡上共强行锄挖公路沿线几十户村民的 200 多亩玉米苗。乡上把地里的玉米苗锄掉后，答应给每户每亩补偿 40 元让种豆子，可是现在一方面已经错过了种豆子时节，豆种难以购买，另一方面近来天气干旱、墒情不好，就是种下豆子出苗率也不会高，更难以成活。

本来种得好好的玉米苗被乡政府强行锄掉，要求种植错过时节的豆子，这种"逼民""坑农"事件为何屡屡上演？究其原因，无非是个别领导为了面子工程，依照个人意志，滥用政府的权力，从而损害农民利益。

131. 有关土地管理、耕地保护、种子和农产品质量安全、反食品浪费、粮食收购、粮食加工、粮食应急管理等的法律、行政法规具体有哪些？

在保障粮食安全和促进粮食生产、流通、消费等各个环节的健康发展方面，国家和地方政府制定了一系列法律法规和政策措施，涵盖了土地管理、耕地保护、种子和农产品质量安全、反食品浪费、粮食收购、粮食加工、粮食应急管理等方面。它们的出台旨在应对粮食生产、流通、消费等方面的挑战和问题，保障粮食供给的安全和稳定，维护国家粮食安全。这些法律与规定的制定有利于规范粮食产业的运作，提高粮食生产和加工的质量，加强对粮食流通和消费环节的监管，有效防止和减少粮食浪费，促进粮食产业的健康发展。有如下规定：

（1）土地管理和耕地保护方面。《土地管理法》明确将耕地保护作为其核心目标之一，为此设立了严格的法律框架。例如，该法第三十一条规定了国家对耕地的保护，并实行了严格的控制措施，以防止耕地转为非耕地，同时实行占用耕地补偿制度。这些措施旨在严守耕地红线，因为耕地红线被视为粮食安全的"大坝"，只有守住了这条"红线"，才能确保粮食生产的"安全线"。通过实施国土空间规划、划定保护红线等措施，严格保护耕地，确保其总量不减少。同时，建立了耕地质量保护制度，推进了耕地轮作休耕制度，加强了农田水利建设和管理，并建立了耕地质量和种植用途监测网络。

（2）种子、农产品质量方面。根据《种子法》第六条的规定，省级以上人民政府建立种子储备制度，主要用于在发生灾害时满足生产需求并进行余缺调剂，以保障农业和林业生产的安全。这一制度的建立和运行不仅有助于应对灾害造成的种子供应不足的情况，同时也为推动粮食生产可持续发展提供了保障。为确保储备种子的质量和适用性，应定期进行检验和更新。具体的种子储备办法由国务院规定。种子储备制度的建立与运行，为粮食生产者提供了更加稳定和可靠的种子供应，有利于推动粮食作物的生长期保护和管理。

（3）反食品浪费方面。根据《反食品浪费法》第三条的规定，国家厉行节约、反对浪费，坚持多措并举、精准施策、科学管理、社会共治的原则，采取技术上可行、经济上合理的措施防止和减少食品浪费。在保障粮食安全的过程中，既要"开"增产保供之"源"，又要"节"铺张浪费之"流"。国家倡导文明、健康、节约资源、保护环境的消费方式，提倡简约适度、绿色低碳的生活方式。加强单位食堂管理、定期开展节约粮食检查、纠正浪费行为等举措是落实《反食品浪费法》的具体体现。

（4）粮食收购、加工与应急管理方面。《粮食流通管理条例》规定，对于粮食收购企业未按照规定备案或者提供虚假备案信息的，粮食和储备行政管理部门有权责令改正并给予警告。对于拒不改正的企业，可处以 2 万元以上 5 万元以下的罚款。① 而对于粮食

---

① 《粮食流通管理条例》（中华人民共和国国务院令〔2021〕第 740 号）。

收购者有未按照规定告知、公示粮食收购价格或存在价格违法行为的，市场监督管理部门有权根据相关法律规定进行处罚。这些规定的实施有助于维护粮食市场秩序和保障粮食安全。① 与此同时，国家在鼓励发展粮食加工业，建立健全的粮食风险基金制度，支持粮食加工新技术、新工艺、新设备的推广应用的过程中，也建立了统一领导、分级负责、属地管理的粮食应急管理体制，制定了粮食应急预案，避免了出现"多头管理，政出多门"的情况②，确保了具备与应急需求相适应的粮食应急能力。

132 县级以上地方人民政府在保障粮食安全中的授权性规则有哪些？

授权性规则是指规定人们可为或不可为一定行为的规则，它为权利主体提供一定选择自由，对权利主体来说不具有强制性，为社会的良性运作和发展提供动力与规则保障。③ 授权性规则可以分为职权性规则和权利性规则。根据《粮食安全保障法》，县级以上地方人民政府发展改革、自然资源、农业农村、粮食和储备等主管部门依照本法和规定的职责，协同配合，做好粮食安全保障工作，其中授权性规则包括：

（1）耕地保护方面。第五条规定，县级以上人民政府可以将粮食安全保障纳入国民经济和社会发展规划，应当根据粮食安全保障目标、任务等，编制粮食安全保障相关专项规划，按照程序批准后实施。此项条款赋予县级以上地方人民政府以编制相关规划及按照规划实施的权力，属授权性规则中的职权性规则。

---

① 田天亮."粮食安全的主动权必须牢牢掌控在自己手中"：学习习近平关于粮食安全重要论述［J］. 党的文献，2022（4）：3342.
② 李悦. 中国粮食安全挑战与出路［J］. 鄂州大学学报，2014，21（9）：13-14，28.
③ 张文显. 法理学［M］. 北京：高等教育出版社，2011.

（2）粮食流通方面。第四十条规定，粮食供求关系和价格显著变化或者有可能显著变化时，县级以上人民政府及其有关部门可以按照权限采取下列措施调控粮食市场：发布粮食市场信息；实行政策性粮食收储和销售；要求执行特定情况下的粮食库存量；组织投放储备粮食；引导粮食加工转化或者限制粮食深加工用粮数量；其他必要措施。此项条款赋予县级以上人民政府依照权限调控粮食市场的权力，属职权性规则。

（3）粮食应急管理方面。第五十条规定，县级以上人民政府按照权限确认出现粮食应急状态的，应当及时启动应急响应，可以依法采取下列应急处置措施：增设应急供应网点；组织进行粮食加工、运输和供应；征用粮食、仓储设施、场地、交通工具以及保障粮食供应的其他物资；等等。此项条款赋予县级以上人民政府在粮食应急状态下对诸如粮食、仓储设施、场地、交通工具以及保障粮食供应的其他物资的征用权，属职权性规则。

133. 县级以上地方人民政府在保障粮食安全中的义务性规则有哪些？

义务性规则是指规定人们应为或勿为一定行为的规则，可分为命令性规则（即规定积极义务的规则）和禁止性规则（即规定消极义务的规则），表现为对义务主体的约束，为维持社会安全提供保障。[1] 根据《粮食安全保障法》，县级以上地方人民政府需履行的义务性规则包括：

（1）耕地保护方面。第十五条指出，县级以上人民政府应通过建立监测网络，开展耕地质量调查和监测评价采取土壤改良、地力培肥、治理修复等措施，规范耕地种植用途、提升耕地质量。第十

---

[1] 张文显. 法理学［M］. 北京：高等教育出版社，2011.

六条规定，县级以上地方人民政府有引导复耕的义务，应当因地制宜、分类推进撂荒地治理等。此处属于命令性义务规则。

（2）粮食生产方面。第二十、二十一、二十四条指出，县级以上人民政府有保障农业生产资料稳定供应、引导粮食生产者科学种植、组织开展水土治理的义务；同时，对耕地水土治理，农业类灾害预警、防治、减灾救灾等工作的开展与相应机制的建立、研究与研究成果的应用等都提出了相应的要求；还特别指出了安全生产管理、落实灾害防治属地责任的重要性；此外，粮食生产功能区和重要农产品生产保护区的划定、建设和管理，引导农业生产者种植目标作物等也是县级以上人民政府应遵守的义务性规则。

（3）粮食储备方面。第三十二条到第三十四条规定，县级以上地方人民政府应当指导粮食加工企业建立企业社会责任储备，鼓励家庭农场、农民专业合作社、农业产业化龙头企业自主储粮，鼓励有条件的经营主体为农户提供粮食代储服务；同时，县级以上人民政府加强粮食储备基础设施及质量检验能力建设，推进仓储科技创新和推广应用，加强政府粮食储备管理信息化建设；此外特别强调了，县级以上人民政府有将政府粮食储备情况列为年度国有资产报告并向本级人民代表大会常务委员会报告的义务。这些均为县级以上地方人民政府应遵守的义务性规则。

（4）粮食应急管理方面。第四十七条规定，县级以上人民政府应当加强粮食应急体系建设，健全布局合理、运转高效协调的粮食应急储存、运输、加工、供应网络，必要时建立粮食紧急疏运机制，确保具备与应急需求相适应的粮食应急能力，定期开展应急演练和培训。第五十、五十一条规定，出现粮食应急状态时，县级以上人民政府应当及时启动应急响应；在执行粮食应急处置措施给他人造成损失时，应当按照规定予以公平、合理补偿；在粮食应急状态消除后，应当及时终止实施应急处置措施，并恢复应对粮食应急状态的能力。

（5）粮食节约方面。第五十二条规定，县级以上人民政府应当建立健全引导激励与惩戒教育相结合的机制，包括推进、加强对粮食节约工作的领导和监督管理等；同时，县级以上人民政府发展改革、农业农村、粮食和储备、市场监督管理、商务、工业和信息化、交通运输等有关部门，应当依照职责做好粮食生产、储备、流通、加工、消费等环节的粮食节约工作。

（6）监督管理方面。第五十八条规定，县级以上人民政府发展改革、农业农村、粮食和储备、自然资源、水行政、生态环境、市场监督管理、工业和信息化等有关部门应当依照职责履行对粮食生产、储备、流通、加工等实施监督检查的义务，建立粮食安全监管协调机制和信息共享机制并加强协作配合。

134. 对粮食经营者来说，授权性规则有哪些？义务性规则有哪些？

《粮食安全保障法》中对于粮食经营者规定的义务性规则多于授权性规则，主要集中在粮食流通、粮食加工和粮食节约方面，旨在促进粮食产业良性发展，确保粮食安全。

（1）授权性规则为粮食经营者提供支持和便利。《粮食安全保障法》中对粮食经营者的授权性规则为第三十五条，粮食经营者享有公平参与市场竞争的权利，国家应加强对粮食市场的管理，充分发挥市场作用，健全市场规则，维护市场秩序及粮食经营者合法权益。

（2）义务性规则为粮食经营者须遵守的规定和标准。根据《粮食安全保障法》，粮食经营者的义务包括：①粮食流通方面。第三十七条指出，从事粮食收购、储存、加工、销售的经营者等须建立粮食经营台账，并向有关部门报送粮食购进、储存、销售数据及相关情况。第三十九条对规模以上粮食经营者特定情况下的粮食库存量提出了要求。②粮食加工方面。第四十二条针对粮食加工经营者指出，粮食加工要执行国家相关标准并随时接受有关部门监督，同时对其加工的粮食质量安全承担责任。③粮食节约方面。第五十四条和五十六条，国家鼓励粮食经营者运用粮食储存、运输、加工的先进、高效设施设备以减少粮食损失损耗；强调粮食食品生产经营者应在粮食生产、储存、运输、加工等方面建立健全管理制度；同时指出粮食经营者有引导消费者合理消费，防止和减少粮食浪费的义务。

《粮食安全保障法》通过一系列授权性和义务性规则为粮食经营者提供了明确的指导和规范，有利于促进粮食产业的良性发展，保障粮食安全与质量。粮食经营者了解并遵守授权性规则和义务性规则是其成功经营的基础，也是其承担社会责任、保障公共利益的重要途径。

135 对自然人来说，授权性规则有哪些？义务性规则有哪些？

在粮食安全保障领域，对自然人的授权性规则和义务性规则相辅相成。这两类规则的构筑既保障个人自由与权利，又确保社会秩序与公共利益。

根据《粮食安全保障法》，与自然人相关的授权性规则如下：

第九条规定，在国家粮食安全保障工作中作出突出贡献的个人，有权按照国家有关规定接受表彰和奖励；第五十条指出，因执行粮食应急处置措施给相关自然人造成损失的，其有权要求县级以上人民政府按照规定予以公平、合理补偿；第六十四条赋予自然人监督权，即个人有权对粮食安全保障工作进行监督，发现违反本法的行为，可向有关部门投诉、举报。

根据《粮食安全保障法》，与自然人相关的义务性规则如下：

①命令性义务规则（即规定积极义务的规则）：第五十条强调，出现粮食应急状态时，自然人应服从县级以上地方人民政府的统一指挥和调度，配合采取应急处置措施，协助维护粮食市场秩序；第五十六条规定，公民个人及其家庭应树立正确消费理念，培养形成科学健康、物尽其用、杜绝浪费的良好习惯。

②禁止性义务规则（即规定消极义务的规则）：第三十六条指出，自然人不得侵占、损毁、擅自拆除或者迁移政府投资建设的粮食流通基础设施，不得擅自改变其用途，第六十八条规定，上述违法行为一经发现，应当停止违法行为，限期恢复原状或者采取其他补救措施，逾期不按要求执行的自然人要接受罚款；第五十九条强调，任何自然人不得编造、散布虚假的粮食安全信息；第六十九条强调，在粮食应急状态，严禁自然人不服从县级以上地方人民政府的统一指挥和调度，否则将依照职责责令改正并给予警告，对于拒不改正的自然人要接受罚款；第七十条规定，严禁自然人故意毁坏耕地上的粮食作物青苗，情节严重的要接受罚款。

参 考 文 献

卜蓓．粮食生产者的利益补偿机制研究［D］．长沙：湖南农业大学，2011.

蔡雪雄，李倩．中国粮食主销区的粮食生产安全问题研究［J］．亚太经济，2018
（5）：130－136.

曹宝明，唐丽霞，胡冰川，等．全球粮食危机与中国粮食安全［J］．国际经济评论，
2021（2）：9－21，4.

曹宝明．江苏粮食产业发展报告［M］．北京：经济管理出版社，2017.

常璇．习近平关于国家粮食安全重要论述的创新性贡献［J］．经济学家，2024（3）：
5－14.

陈光．我国粮食安全保障立法研究［D］．兰州：西北师范大学，2023.

陈静．标准引领节约新风餐饮浪费或将再"刹车"［N］．中国市场监管报，2023－06－
01（7）.

陈珏颖，徐邵文，钱静斐．农产品质量安全信用体系建设的国际经验及启示［J］．世
界农业，2023（8）：5－12.

陈香秀．粮食质量安全监管体系研究［J］．现代食品，2023，29（6）：108－110.

戴化勇，陈金波．新形势下粮食产销协作模式与机制研究［J］．农业经济问题，2021
（2）：135－144.

党捷，韩建平，汪福友．新形势下粮食安全的新内涵［J］．现代食品，2018（10）：
181－184.

樊琦，刘梦芸．餐饮消费环节粮食浪费治理对策研究［J］．粮油食品科技，2015，23
（2）：104－107.

范传航．小麦种植田间管理与技术推广［J］．种子科技，2024，42（4）：32－34.

范战平，赵启航．耕地占补平衡制度：历程·问题·建议［J］．哈尔滨师范大学社会
科学学报，2023，14（1）：66－69.

方金龙．解决农业灌溉与地下水超采问题的有关建议［J］．河北农机，2023（15）：
79－81.

冯玥，刘敏平．绿色技术在农业机械化中的推广与使用研究［J］．南方农机，2023，54（9）：175－177．

甘林针，钱龙，钟钰．成效不彰 VS 行之有效：粮食安全省长责任制促进了粮食生产吗？［J］．经济评论．2024（2）：22－35．

高炳彦，王静，杨玉菊．农作物种子种植风险因素与提高种子质量的措施［J］．种子科技，2024，42（1）：113－115．

高峰，王明，王小燕．粮食加工业发展现状及未来趋势研究［J］．科技与创新导刊，2021，18（6）：56－60．

高洪洋，胡小平．我国政府粮食储备监督检查：博弈分析、机制构建与制度保障［J］．农村经济，2022（11）：105－114．

高强，刘同山，孔祥智．家庭农场的制度解析：特征、发生机制与效应［J］．经济学家，2013（6）：48－56．

高小云．粮油加工环节存在的质量安全问题与对策［J］．食品安全导刊，2023（18）：24－26．

谷小梅．浅议政府在地方粮食流通中的角色定位［J］．产业与科技论坛，2019，18（9）：223－224．

郭佳，张宝林，高聚林．气候变化对中国农业气候资源及农业生产影响的研究进展［J］．北方农业学报，2019，47（1）：105－113．

郭润霞，任小兵，王乃仁．基层农业技术推广存在的问题及解决策略［J］．种子科技，2022，40（24）：139－141．

郭晓东．完善我国粮食应急体系的对策思考［J］．经济纵横，2011（12）：87－90．

郭志一．新时代中国共产党保障粮食安全研究（2012－2022）［D］．长春：吉林大学，2023．

韩志刚，郑永祥．粮食商业性经营成功诀窍揭秘［J］．粮食问题研究，1997（10）：37－38．

郝东伟．河北省农业农村厅全力保障粮食安全加快建设和美乡村［N］．河北日报，2023－11－29．

胡小平，郭晓慧．2020 年中国粮食需求结构分析及预测：基于营养标准的视角［J］．中国农村经济，2010（6）：4－15．

华树春，钟钰．我国粮食区域供需平衡以及引发的政策启示［J］．经济问题，2021（3）：100－107．

黄光华，余擎宇．解读三项新粮食储存品质判定规则国家标准［J］．粮油仓储科技通讯，2007（6）：40－41.

黄季焜. 深化农业科技体系改革提高农业科技创新能力［J］. 农业经济与管理，2013
　　（2）：5－8.

黄玥，董博婷，等. 第一观察｜习近平心目中的"大食物观"［EB/OL］. 新华网，
　　2022－03－09.

黄悦，张社梅. 四川省粮食产业供给特征及能力提升策略研究［J］. 西南农业学报，
　　2023，36（8）：1584－1593.

姜启军. 粮食安全视域下我国粮食储备管理的优化［J］. 粮食经济研究，2024，15
　　（1）：50－75.

李丰，李光泗，郭晓东. 外资进入对我国粮食安全的影响及对策［J］. 现代经济探
　　讨，2011（6）：49－53.

李丰. 基于产销平衡视角的区域粮食安全保障体系研究［J］. 江苏社会科学，2015
　　（6）：50－56.

李凤廷，侯云先，邵开丽，等. 突发事件下的粮食物流：基于情景应对的储备粮紧急
　　调运决策框架［J］. 中国农村经济，2016（12）：60－75.

李桂红.《中华人民共和国粮食安全保障法》解读［J］. 当代农机，2024
　　（1）：102－104.

李京泽，梁晓辉. 粮食安全保障法草案三审明确提升粮食质量安全［J］. 保鲜与加
　　工，2024，24（1）：35.

李俊霞.《中华人民共和国粮食质量安全监管办法》解读［J］. 当代农机，2024（2）：
　　60－62.

李磊. 饲料"青贮小麦"有关违法行为法律适用的思考分析［J］. 农业开发与装备，
　　2023（12）：115－117.

李黎. 齐心协力打好制止餐饮浪费"持久战"［N］. 中国食品安全报，2023－12－21
　　（B4）.

李明，张晓华. 粮食主产区与主销区产销关系的研究［J］. 农业经济问题 2020（6）：
　　10－15.

李容容，罗小锋，薛龙飞. 种植大户对农业社会化服务组织的选择：营利性组织还是
　　非营利性组织？［J］. 中国农村观察，2015（5）：73－84.

李淑娜. 粮食储备监管条款的规范分析［D］. 重庆：西南大学，2024.

李铜山，李嘉明. 健全粮食主产区利益补偿机制研究［J］. 农村·农业·农民（B
　　版），2023（7）：17－19.

李星辰．粮食生产者利益补偿方式研究 ［J］．中国物价，2023（9）：74－78.

李旭．内蒙古粮食质量安全监管存在的问题及对策探讨 ［D］．呼和浩特：内蒙古大学，2015.

李延东．富世康粮食安全宣传教育基地 ［J］．中国粮食经济，2023（5）：78.

李悦．中国粮食安全挑战与出路 ［J］．鄂州大学学报，2014，21（9）：13－14，28.

蔺彦．高效节水灌溉工程的优化设计要点分析 ［J］．大众标准化，2023（2）：46－48.

刘明，张强．县级以上地方政府粮食加工业发展现状与对策研究 ［J］．农业技术创新，2019（2）：45－50.

刘涛，张艳，李建国．我国粮食加工能力评价及应对策略 ［J］．中国食品工业，2020，41（5）：123－127.

刘宇，张硕，梁栋．新形势下我国粮食供应安全面临风险与政策建议 ［J］．粮油食品科技，2023，31（4）：10－17.

罗斌．我国粮食行政管理体制分析 ［J］．财经问题研究，2012（11）：106－110.

罗芳香，丘文婷．粮食安全法律保障研究：评《民之天粮食安全法治保障体系研究》 ［J］．粮食与油脂，2023，36（9）：163.

马权．玉米机械化收获作业操作规程及粮食减损技术 ［J］．农机使用与维修，2023（3）：99－101.

毛长青，许鹤瀛，韩喜平．推进种业振兴行动的意义、挑战与对策 ［J］．农业经济问题，2021（12）：137－143.

穆中杰，傅颖，陈璐珂．《粮食安全保障法（草案）》完善之建议重新界定"粮食"概念 ［J］．粮食科技与经济，2023，48（5）：1－4.

诺曼．危机管理 ［M］．北京：中国人民大学出版社，2001.

欧阳安，崔涛，林立．智能农机装备产业现状及发展建议 ［J］．科技导报，2022，40（11）：55－66.

彭玉娴．粮食安全视域下我国粮食储备管理的优化 ［J］．粮食问题研究，2024（1）：45－49.

普冀喆，郑风田．习近平关于国家粮食安全论述的战略与策略维度论析：兼论发展中的粮食安全治理体系 ［J］．当代经济管理，2024，46（2）：1－8.

齐勇锋，宋文君．社会资本加速进军文化产业 ［J］．时事报告，2014（5）：21－22.

钱伟，李丽．我国县级以上地方政府粮食加工业支持政策研究 ［J］．农业现代化研究，2020（3）：30－35.

乔鹏程．我国粮食主产区利益补偿政策研究［J］．河南社会科学，2014，22（6）：81-84．

饶静．"项目制"下节水农业建设困境研究：以河北省 Z 市高效节水农业技术推广为例［J］．农业经济问题，2017，38（1）：83-90，111-112．

山仑．我国旱地农业发展中的几个问题［J］．干旱地区农业研究，2023，41（3）：2-4．

陕西省保险公司农险课题组．试论我国农业保险发展的道路问题［J］．干旱地区农业研究，1993（4）：78-85．

申东．鼓励支持粮食仓储科技创新和推广应用［N］．法治日报，2023-10-22（7）．

石磊．充分发挥国家级粮食应急保障企业作用　坚决扛稳粮油应急保供责任［J］．中国粮食经济，2022（5）：51-53．

宋亮．对当前我国粮食消费的分析［J］．中国粮食经济，2019（6）：55-56．

宋旸，虞家琳．粮油制品过度加工带给我们什么［N］．中国食品报，2010-09-13（1）．

孙访竹．发展我国政策性农业保险的问题及对策微探［J］．商业现代化，2012（6）：171．

谭砚文，杨重玉，陈丁薇，等．中国粮食市场调控政策的实施绩效与评价［J］．农业经济问题，2014，35（5）：87-98，112．

唐成，李振，徐瑶．坚持市场化改革取向深化粮食收储制度改革［J］．经济研究参考，2017（54）：46-49．

田天亮．"粮食安全的主动权必须牢牢掌控在自己手中"：学习习近平关于粮食安全重要论述［J］．党的文献，2022（4）：3342．

王彬．粮油过度加工现状及治理对策［J］．粮油与饲料科技，2020（3）：4-6．

王达能．湖南省粮食质量安全监测体系建设的建议［J］．中国粮食经济，2019（3）：64-66．

王洁蓉，何蒲明．粮食主产区利益补偿对粮食安全的影响研究［J］．农业经济，2017（2）：10-12．

王莉，周密．粮食安全与社会稳定双重视阈下粮食适度规模经营研究［J］．求索，2017（3）：113-117．

王林，许陆林，刘思广．高校食堂反餐饮浪费的对策分析［J］．食品安全导刊，2023（13）：146-148，155．

王玲．中国小麦消费结构分析及深加工发展展望［J］．农业展望，2014，10（11）：

75 - 79.

王佩琦，高兰. 我国粮食产后损失情况概述 [J]. 现代食品，2021 (6)：1 - 4.

王芊. 粮油加工过程损失现状及对策 [J]. 食品安全导刊，2022 (1)：63 - 65.

王瑞峰，李爽，孔凡娜. 粮食安全保障能力：内涵特征、指标测度与提升路径 [J]. 四川农业大学学报，2022，40 (3)：301 - 311.

王伟，褚毅宏，张艳，等. 粮食质量安全现状及全面质量管理对策研究 [J]. 粮食流通，2023，29 (14)：10 - 12.

王文，张志，张岩. 自然灾害综合监测预警系统建设研究 [J]. 灾害学，2022，37 (2)：229 - 234.

王文. 论农民专业合作社参与精准扶贫的有效途径 [J]. 科技视界，2019 (34)：273 - 274.

王志刚，李丽，赵东. 粮食加工企业人力资源管理现状与发展对策 [J]. 粮食与饲料工业，2019，40 (3)：98 - 102.

王志刚，刘丽. 粮食产销一体化模式研究 [J]. 农业现代化研究，2019 (4)：55 - 60.

卫荣. 基于经营主体视角下的粮食生产适度规模研究 [D]. 北京：中国农业科学院，2016.

吴刚，郝兰凤. 全面推进粮食安全信用体系建设 [J]. 江南论坛，2007 (3)：44 - 45.

吴少堂，吴娜娜，吴非霏. 我国稻谷加工业的现状问题、发展路径及对策建议：对41家粮食企业的调查报告 [J]. 中国粮食经济，2023 (9)：45 - 49.

武江区人民政府. 党建引领凝众力齐心协力护耕地：武江区自然资源局坚持党建引领推进耕地保护探索实践 [EB/OL]. 武江区人民政府网，2023 - 05 - 16.

武拉平. 我国粮食损失浪费现状与节粮减损潜力研究 [J]. 农业经济问题，2022 (11)：34 - 41.

谢安忠. 商业性经营的途径和对策 [J]. 中国粮食经济，1996 (4)：25 - 27.

辛翔飞，张怡，王济民. 中国产粮大县的利益补偿：基于粮食生产和县域财政收入的视角 [J]. 技术经济，2016，35 (1)：83 - 87.

徐峰，徐振兴，张树阁. 农业机械化在粮食增产和减损中的作用 [J]. 农机科技推广，2022 (1)：15 - 18.

徐刚. 国际粮食安全态势与中国应对 [J]. 国家安全研究，2023 (3)：91 - 117，161.

许庆，尹荣梁，章辉．规模经济、规模报酬与农业适度规模经营：基于我国粮食生产的实证研究［J］．经济研究，2011，46（3）：59－71，94．

阎巨光．青贮玉米与籽实玉米经济效益分析［J］．农业开发与装备，2013（3）：76．

颜波，胡文国，王娟．多措并举规制粮食损失浪费［J］．中国粮食经济，2021（1）：8－13．

杨加豹，陈瑾．玉米淀粉渣：猪饲料中玉米、豆粕的优选替代原料［J］．四川畜牧兽医，2024，51（2）：2－4．

杨丽，杜阳莉．大食物观：价值意蕴、科学内涵和实践路径［J］．山东农业工程学院学报，2024，41（2）：18－23．

杨骞，寇相涛，金华丽．种业振兴的中国道路：历程、成效与展望［J］．农村经济，2023（12）：1－11．

张华君，杜成立，等．鱼台金融全力服务粮食产业链，稳产保价增收［EB/OL］．齐鲁晚报，2023－12－28．

张雷．农作物种子种植风险成因与提高种子质量的措施分析［J］．河南农业，2021（5）：22－23．

张丽娜．德州军粮集团围绕"二次创业、三年倍增"战略目标任务　心怀"国之大者"扛稳粮食安全责任［N］．德州日报，2023－10－30．

张美儿．散布"粮价大涨"谣言，三家粮食企业遭查处［N］．中国新闻网，2020－11－06．

张文显．法理学［M］．北京：高等教育出版社，2011．

张照新，赵海．新型农业经营主体的困境摆脱及其体制机制创新［J］．改革，2013（2）：78－87．

张志栋．中国玉米深加工产业发展现状、问题及对策［J］．黑龙江粮食，2015（7）：19－21．

赵春江．智慧农业的发展现状与未来展望［J］．华南农业大学学报，2021，42（6）：1－7．

赵霞，陶亚萍，曹宝明．中国粮食产后损失评估分析［J］．干旱区资源与环境，2022，36（6）：1－7．

郑兆峰，宋洪远．健全粮食主产区利益补偿机制：现实基础、困难挑战与政策优化［J］．农业现代化研究，2023，44（2）：214－221．

中共中央党史和文献研究院．习近平关于国家粮食安全论述摘编［M］．北京：中央文献出版社，2023．

周冠华，李圣军．我国粮食运输损耗情况探析［J］．中国粮食经济，2022（4）：37－40.

周晶，李双喜．粮食安全责任制考核研究［J］．粮食与油脂，2022，35（8）：159－162.

朱冰，凌小燕，高雅．农机作业服务基础保障建设现状分析研究［J］．中国农机化学报，2018，39（6）：93－101.

朱聪，曲春红，王永春．中国粮食全产业链的损失与浪费研究［J］．农业展望，2022，18（8）：76－83.

朱诗逸．奉贤农业生产方式和生产方法的新探索［J］．上海农村经济，2017（2）：34－35.

朱雪平，黄小明，彭广成．粮食购销领域监管信息化方案研究探讨［J］．广东通信技术，2023，43（12）：27－32.

庄怀宇，夏长坤，侍卓瑶．稻麦机械化收获粮食损失的影响因素调查［J］．农机科技推广，2023（8）：53－55.

附录

中华人民共和国粮食安全保障法

(2023 年 12 月 29 日第十四届全国人民代表大会
常务委员会第七次会议通过)

第一章 总 则

第一条 为了保障粮食有效供给，确保国家粮食安全，提高防范和抵御粮食安全风险能力，维护经济社会稳定和国家安全，根据宪法，制定本法。

第二条 国家粮食安全工作坚持中国共产党的领导，贯彻总体国家安全观，统筹发展和安全，实施以我为主、立足国内、确保产能、适度进口、科技支撑的国家粮食安全战略，坚持藏粮于地、藏粮于技，提高粮食生产、储备、流通、加工能力，确保谷物基本自给、口粮绝对安全。

保障国家粮食安全应当树立大食物观，构建多元化食物供给体系，全方位、多途径开发食物资源，满足人民群众对食物品种丰富多样、品质营养健康的消费需求。

第三条 国家建立粮食安全责任制，实行粮食安全党政同责。县级以上地方人民政府应当承担保障本行政区域粮食安全的具体责任。

县级以上人民政府发展改革、自然资源、农业农村、粮食和储备等主管部门依照本法和规定的职责，协同配合，做好粮食安全保障工作。

第四条 国家加强粮食宏观调控，优化粮食品种结构和区域布局，统筹利用国内、国际的市场和资源，构建科学合理、安全高效的粮食供给保障体系，提升粮食供给能力和质量安全。

国家加强国际粮食安全合作，发挥粮食国际贸易作用。

第五条 县级以上人民政府应当将粮食安全保障纳入国民经济和社会发展规划。县级以上人民政府有关部门应当根据粮食安全保障目标、任务等，编制粮食安全保障相关专项规划，按照程序批准后实施。

第六条 国家建立健全粮食安全保障投入机制，采取财政、金融等支持政策加强粮食安全保障，完善粮食生产、收购、储存、运输、加工、销售协同保障机制，建设国家粮食安全产业带，调动粮食生产者和地方人民政府保护耕地、种粮、做好粮食安全保障工作的积极性，全面推进乡村振兴，促进粮食产业高质量发展，增强国家粮食安全保障能力。

国家引导社会资本投入粮食生产、储备、流通、加工等领域，并保障其合法权益。

国家引导金融机构合理推出金融产品和服务，为粮食生产、储备、流通、加工等提供支持。国家完善政策性农业保险制度，鼓励开展商业性保险业务。

第七条 国家加强粮食安全科技创新能力和信息化建设，支持粮食领域基础研究、关键技术研发和标准化工作，完善科技人才培养、评价和激励等机制，促进科技创新成果转化和先进技术、设备的推广使用，提高粮食生产、储备、流通、加工的科技支撑能力和应用水平。

第八条 各级人民政府及有关部门应当采取多种形式加强粮食安全宣传教育，提升全社会粮食安全意识，引导形成爱惜粮食、节约粮食的良好风尚。

第九条 对在国家粮食安全保障工作中做出突出贡献的单位和

个人，按照国家有关规定给予表彰和奖励。

第二章　耕地保护

第十条　国家实施国土空间规划下的国土空间用途管制，统筹布局农业、生态、城镇等功能空间，划定落实耕地和永久基本农田保护红线、生态保护红线和城镇开发边界，严格保护耕地。

国务院确定省、自治区、直辖市人民政府耕地和永久基本农田保护任务。县级以上地方人民政府应当确保本行政区域内耕地和永久基本农田总量不减少、质量有提高。

国家建立耕地保护补偿制度，调动耕地保护责任主体保护耕地的积极性。

第十一条　国家实行占用耕地补偿制度，严格控制各类占用耕地行为；确需占用耕地的，应当依法落实补充耕地责任，补充与所占用耕地数量相等、质量相当的耕地。

省、自治区、直辖市人民政府应当组织本级人民政府自然资源主管部门、农业农村主管部门对补充耕地的数量进行认定、对补充耕地的质量进行验收，并加强耕地质量跟踪评价。

第十二条　国家严格控制耕地转为林地、草地、园地等其他农用地。禁止违规占用耕地绿化造林、挖湖造景等行为。禁止在国家批准的退耕还林还草计划外擅自扩大退耕范围。

第十三条　耕地应当主要用于粮食和棉、油、糖、蔬菜等农产品及饲草饲料生产。县级以上地方人民政府应当根据粮食和重要农产品保供目标任务，加强耕地种植用途管控，落实耕地利用优先序，调整优化种植结构。具体办法由国务院农业农村主管部门制定。

县级以上地方人民政府农业农村主管部门应当加强耕地种植用途管控日常监督。村民委员会、农村集体经济组织发现违反耕地种植用途管控要求行为的，应当及时向乡镇人民政府或者县级人民政府农业农村主管部门报告。

第十四条　国家建立严格的耕地质量保护制度，加强高标准农田建设，按照量质并重、系统推进、永续利用的要求，坚持政府主导与社会参与、统筹规划与分步实施、用养结合与建管并重的原则，健全完善多元投入保障机制，提高建设标准和质量。

第十五条　县级以上人民政府应当建立耕地质量和种植用途监测网络，开展耕地质量调查和监测评价，采取土壤改良、地力培肥、治理修复等措施，提高中低产田产能，治理退化耕地，加强大中型灌区建设与改造，提升耕地质量。

国家建立黑土地保护制度，保护黑土地的优良生产能力。

国家建立健全耕地轮作休耕制度，鼓励农作物秸秆科学还田，加强农田防护林建设；支持推广绿色、高效粮食生产技术，促进生态环境改善和资源永续利用。

第十六条　县级以上地方人民政府应当因地制宜、分类推进撂荒地治理，采取措施引导复耕。家庭承包的发包方可以依法通过组织代耕代种等形式将撂荒地用于农业生产。

第十七条　国家推动盐碱地综合利用，制定相关规划和支持政策，鼓励和引导社会资本投入，挖掘盐碱地开发利用潜力，分区分类开展盐碱耕地治理改良，加快选育耐盐碱特色品种，推广改良盐碱地有效做法，遏制耕地盐碱化趋势。

第三章　粮食生产

第十八条　国家推进种业振兴，维护种业安全，推动种业高质量发展。

国家加强粮食作物种质资源保护开发利用，建设国家农业种质资源库，健全国家良种繁育体系，推进粮食作物种质资源保护与管理信息化建设，提升供种保障能力。

国家加强植物新品种权保护，支持育种基础性、前沿性研究和应用技术研究，鼓励粮食作物种子科技创新和产业化应用，支持开展育种联合攻关，培育具有自主知识产权的优良品种。

第十九条 省级以上人民政府应当建立种子储备制度，主要用于发生灾害时的粮食生产需要及余缺调剂。

第二十条 县级以上人民政府应当统筹做好肥料、农药、农用薄膜等农业生产资料稳定供应工作，引导粮食生产者科学施用化肥、农药，合理使用农用薄膜，增施有机肥料。

第二十一条 国家加强水资源管理和水利基础设施建设，优化水资源配置，保障粮食生产合理用水需求。各级人民政府应当组织做好农田水利建设和运行维护，保护和完善农田灌溉排水体系，因地制宜发展高效节水农业。

县级以上人民政府应当组织开展水土流失综合治理、土壤污染防治和地下水超采治理。

第二十二条 国家推进农业机械产业发展，加强农业机械化作业基础条件建设，推广普及粮食生产机械化技术，鼓励使用绿色、智能、高效的农业机械，促进粮食生产全程机械化，提高粮食生产效率。

第二十三条 国家加强农业技术推广体系建设，支持推广应用先进适用的粮食生产技术，因地制宜推广间作套种等种植方法，鼓励创新推广方式，提高粮食生产技术推广服务水平，促进提高粮食单产。

国家鼓励农业信息化建设，提高粮食生产信息化、智能化水平，推进智慧农业发展。

第二十四条 国家加强粮食生产防灾减灾救灾能力建设。县级以上人民政府应当建立健全农业自然灾害和生物灾害监测预警体系、防灾减灾救灾工作机制，加强干旱、洪涝、低温、高温、风雹、台风等灾害防御防控技术研究应用和安全生产管理，落实灾害防治属地责任，加强粮食作物病虫害防治和植物检疫工作。

国家鼓励和支持开展粮食作物病虫害绿色防控和统防统治。粮食生产者应当做好粮食作物病虫害防治工作，并对各级人民政府及有关部门组织开展的病虫害防治工作予以配合。

第二十五条 国家加强粮食生产功能区和重要农产品生产保护区建设，鼓励农业生产者种植优质农作物。县级以上人民政府应当按照规定组织划定粮食生产功能区和重要农产品生产保护区并加强建设和管理，引导农业生产者种植目标作物。

第二十六条 国家采取措施稳定粮食播种面积，合理布局粮食生产，粮食主产区、主销区、产销平衡区都应当保面积、保产量。

粮食主产区应当不断提高粮食综合生产能力，粮食主销区应当稳定和提高粮食自给率，粮食产销平衡区应当确保粮食基本自给。

国家健全粮食生产者收益保障机制，以健全市场机制为目标完善农业支持保护制度和粮食价格形成机制，促进农业增效、粮食生产者增收，保护粮食生产者的种粮积极性。

省级以上人民政府应当通过预算安排资金，支持粮食生产。

第二十七条 国家扶持和培育家庭农场、农民专业合作社等新型农业经营主体从事粮食生产，鼓励其与农户建立利益联结机制，提高粮食生产能力和现代化水平。

国家支持面向粮食生产者的产前、产中、产后社会化服务，提高社会化服务水平，鼓励和引导粮食适度规模经营，支持粮食生产集约化。

第二十八条 国家健全粮食主产区利益补偿机制，完善对粮食主产区和产粮大县的财政转移支付制度，调动粮食生产积极性。

省、自治区、直辖市人民政府可以根据本行政区域实际情况，建立健全对产粮大县的利益补偿机制，提高粮食安全保障相关指标在产粮大县经济社会发展综合考核中的比重。

第四章　粮食储备

第二十九条 国家建立政府粮食储备体系。政府粮食储备分为中央政府储备和地方政府储备。政府粮食储备用于调节粮食供求、稳定粮食市场、应对突发事件等。

中央政府粮食储备规模和地方政府粮食储备总量规模由国务院确定并实行动态调整。政府粮食储备的品种结构、区域布局按照国务院有关规定确定。

政府粮食储备的收购、销售、轮换、动用等应当严格按照国家有关规定执行。

第三十条　承储政府粮食储备的企业或者其他组织应当遵守法律、法规和国家有关规定，实行储备与商业性经营业务分开，建立健全内部管理制度，落实安全生产责任和消防安全责任，对承储粮食数量、质量负责，实施粮食安全风险事项报告制度，确保政府粮食储备安全。

承储中央政府粮食储备和省级地方政府粮食储备的企业应当剥离商业性经营业务。

政府粮食储备的收购、销售、轮换、动用等应当进行全过程记录，实现政府粮食储备信息实时采集、处理、传输、共享，确保可查询、可追溯。

第三十一条　承储政府粮食储备的企业或者其他组织应当保证政府粮食储备账实相符、账账相符，实行专仓储存、专人保管、专账记载，不得虚报、瞒报政府粮食储备数量、质量、品种。

承储政府粮食储备的企业或者其他组织应当执行储备粮食质量安全检验监测制度，保证政府粮食储备符合规定的质量安全标准、达到规定的质量等级。

第三十二条　县级以上地方人民政府应当根据本行政区域实际情况，指导规模以上粮食加工企业建立企业社会责任储备，鼓励家庭农场、农民专业合作社、农业产业化龙头企业自主储粮，鼓励有条件的经营主体为农户提供粮食代储服务。

第三十三条　县级以上人民政府应当加强粮食储备基础设施及

质量检验能力建设，推进仓储科技创新和推广应用，加强政府粮食储备管理信息化建设。

第三十四条　县级以上人民政府应当将政府粮食储备情况列为年度国有资产报告内容，向本级人民代表大会常务委员会报告。

第五章　粮食流通

第三十五条　国家加强对粮食市场的管理，充分发挥市场作用，健全市场规则，维护市场秩序，依法保障粮食经营者公平参与市场竞争，维护粮食经营者合法权益。

国家采取多种手段加强对粮食市场的调控，保持全国粮食供求总量基本平衡和市场基本稳定。县级以上地方人民政府应当采取措施确保国家粮食宏观调控政策的贯彻执行。

第三十六条　县级以上地方人民政府应当加强对粮食仓储、物流等粮食流通基础设施的建设和保护，组织建设与本行政区域粮食收储规模和保障供应要求相匹配，布局合理、功能齐全的粮食流通基础设施，并引导社会资本投入粮食流通基础设施建设。

任何单位和个人不得侵占、损毁、擅自拆除或者迁移政府投资建设的粮食流通基础设施，不得擅自改变政府投资建设的粮食流通基础设施的用途。

第三十七条　从事粮食收购、储存、加工、销售的经营者以及饲料、工业用粮企业，应当按照规定建立粮食经营台账，并向所在地的县级人民政府粮食和储备主管部门报送粮食购进、储存、销售等基本数据和有关情况。

第三十八条　为了保障市场供应、保护粮食生产者利益，必要时国务院可以根据粮食安全形势和财政状况，决定对重点粮食品种在粮食主产区实行政策性收储。

第三十九条　从事粮食收购、加工、销售的规模以上经营者，应当按照所在地省、自治区、直辖市人民政府的规定，执行特定情况下的粮食库存量。

第四十条 粮食供求关系和价格显著变化或者有可能显著变化时，县级以上人民政府及其有关部门可以按照权限采取下列措施调控粮食市场：

（一）发布粮食市场信息；

（二）实行政策性粮食收储和销售；

（三）要求执行特定情况下的粮食库存量；

（四）组织投放储备粮食；

（五）引导粮食加工转化或者限制粮食深加工用粮数量；

（六）其他必要措施。

必要时，国务院和省、自治区、直辖市人民政府可以依照《中华人民共和国价格法》的规定采取相应措施。

第四十一条 国家建立健全粮食风险基金制度。粮食风险基金主要用于支持粮食储备、稳定粮食市场等。

第六章 粮食加工

第四十二条 国家鼓励和引导粮食加工业发展，重点支持在粮食生产功能区和重要农产品生产保护区发展粮食加工业，协调推进粮食初加工、精深加工、综合利用加工，保障粮食加工产品有效供给和质量安全。

粮食加工经营者应当执行国家有关标准，不得掺杂使假、以次充好，对其加工的粮食质量安全负责，接受监督。

第四十三条 国家鼓励和引导粮食加工结构优化，增加优质、营养粮食加工产品供给，优先保障口粮加工，饲料用粮、工业用粮加工应当服从口粮保障。

第四十四条 县级以上地方人民政府应当根据本行政区域人口和经济社会发展水平，科学布局粮食加工业，确保本行政区域的粮食加工能力特别是应急状态下的粮食加工能力。

县级以上地方人民政府应当在粮食生产功能区和重要农产品生产保护区科学规划布局粮食加工能力，合理安排粮食就地就近转化。

第四十五条 国家鼓励粮食主产区和主销区以多种形式建立稳定的产销关系，鼓励粮食主销区的企业在粮食主产区建立粮源基地、加工基地和仓储物流设施等，促进区域粮食供求平衡。

第四十六条 国家支持建设粮食加工原料基地、基础设施和物流体系，支持粮食加工新技术、新工艺、新设备的推广应用。

第七章 粮食应急

第四十七条 国家建立统一领导、分级负责、属地管理为主的粮食应急管理体制。

县级以上人民政府应当加强粮食应急体系建设，健全布局合理、运转高效协调的粮食应急储存、运输、加工、供应网络，必要时建立粮食紧急疏运机制，确保具备与应急需求相适应的粮食应急能力，定期开展应急演练和培训。

第四十八条 国务院发展改革、粮食和储备主管部门会同有关部门制定全国的粮食应急预案，报请国务院批准。省、自治区、直辖市人民政府应当根据本行政区域的实际情况，制定本行政区域的粮食应急预案。

设区的市级、县级人民政府粮食应急预案的制定，由省、自治区、直辖市人民政府决定。

第四十九条 国家建立粮食市场异常波动报告制度。发生突发事件，引起粮食市场供求关系和价格异常波动时，县级以上地方人民政府发展改革、农业农村、粮食和储备、市场监督管理等主管部门应当及时将粮食市场有关情况向本级人民政府和上一级人民政府主管部门报告。

第五十条 县级以上人民政府按照权限确认出现粮食应急状态

的，应当及时启动应急响应，可以依法采取下列应急处置措施：

（一）本法第四十条规定的措施；

（二）增设应急供应网点；

（三）组织进行粮食加工、运输和供应；

（四）征用粮食、仓储设施、场地、交通工具以及保障粮食供应的其他物资；

（五）其他必要措施。

必要时，国务院可以依照《中华人民共和国价格法》的规定采取相应措施。

出现粮食应急状态时，有关单位和个人应当服从县级以上人民政府的统一指挥和调度，配合采取应急处置措施，协助维护粮食市场秩序。

因执行粮食应急处置措施给他人造成损失的，县级以上人民政府应当按照规定予以公平、合理补偿。

第五十一条　粮食应急状态消除后，县级以上人民政府应当及时终止实施应急处置措施，并恢复应对粮食应急状态的能力。

第八章　粮食节约

第五十二条　国家厉行节约，反对浪费。县级以上人民政府应当建立健全引导激励与惩戒教育相结合的机制，加强对粮食节约工作的领导和监督管理，推进粮食节约工作。

县级以上人民政府发展改革、农业农村、粮食和储备、市场监督管理、商务、工业和信息化、交通运输等有关部门，应当依照职责做好粮食生产、储备、流通、加工、消费等环节的粮食节约工作。

第五十三条　粮食生产者应当加强粮食作物生长期保护和生产作业管理，减少播种、田间管理、收获等环节的粮食损失和浪费。

禁止故意毁坏在耕地上种植的粮食作物青苗。

国家鼓励和支持推广适时农业机械收获和产地烘干等实用技术，引导和扶持粮食生产者科学收获、储存粮食，改善粮食收获、储存条件，保障粮食品质良好，减少产后损失。

第五十四条 国家鼓励粮食经营者运用先进、高效的粮食储存、运输、加工设施设备，减少粮食损失损耗。

第五十五条 国家推广应用粮食适度加工技术，防止过度加工，提高成品粮出品率。

国家优化工业用粮生产结构，调控粮食不合理加工转化。

第五十六条 粮食食品生产经营者应当依照有关法律、法规的规定，建立健全生产、储存、运输、加工等管理制度，引导消费者合理消费，防止和减少粮食浪费。

公民个人和家庭应当树立文明、健康、理性、绿色的消费理念，培养形成科学健康、物尽其用、杜绝浪费的良好习惯。

第五十七条 机关、人民团体、社会组织、学校、企业事业单位等应当加强本单位食堂的管理，定期开展节约粮食检查，纠正浪费行为。

有关粮食食品学会、协会等应当依法制定和完善节约粮食、减少损失损耗的相关团体标准，开展节约粮食知识普及和宣传教育工作。

第九章　监督管理

第五十八条 县级以上人民政府发展改革、农业农村、粮食和储备、自然资源、水行政、生态环境、市场监督管理、工业和信息化等有关部门应当依照职责对粮食生产、储备、流通、加工等实施监督检查，并建立粮食安全监管协调机制和信息共享机制，加强协作配合。

第五十九条 国务院发展改革、农业农村、粮食和储备主管部门应当会同有关部门建立粮食安全监测预警体系，加强粮食安全风险评估，健全粮食安全信息发布机制。

任何单位和个人不得编造、散布虚假的粮食安全信息。

第六十条　国家完善粮食生产、储存、运输、加工标准体系。粮食生产经营者应当严格遵守有关法律、法规的规定，执行有关标准和技术规范，确保粮食质量安全。

县级以上人民政府应当依法加强粮食生产、储备、流通、加工等环节的粮食质量安全监督管理工作，建立粮食质量安全追溯体系，完善粮食质量安全风险监测和检验制度。

第六十一条　县级以上人民政府有关部门依照职责开展粮食安全监督检查，可以采取下列措施：

（一）进入粮食生产经营场所实施现场检查；

（二）向有关单位和人员调查了解相关情况；

（三）进入涉嫌违法活动的场所调查取证；

（四）查阅、复制有关文件、资料、账簿、凭证，对可能被转移、隐匿或者损毁的文件、资料、账簿、凭证、电子设备等予以封存；

（五）查封、扣押涉嫌违法活动的场所、设施或者财物；

（六）对有关单位的法定代表人、负责人或者其他工作人员进行约谈、询问。

县级以上人民政府有关部门履行监督检查职责，发现公职人员涉嫌职务违法或者职务犯罪的问题线索，应当及时移送监察机关，监察机关应当依法受理并进行调查处置。

第六十二条　国务院发展改革、自然资源、农业农村、粮食和储备主管部门应当会同有关部门，按照规定具体实施对省、自治区、直辖市落实耕地保护和粮食安全责任制情况的考核。

省、自治区、直辖市对本行政区域耕地保护和粮食安全负总责，其主要负责人是本行政区域耕地保护和粮食安全的第一责任人，对本行政区域内的耕地保护和粮食安全目标负责。

县级以上地方人民政府应当定期对本行政区域耕地保护和粮食安全责任落实情况开展监督检查，将耕地保护和粮食安全责任落实情况纳入对本级人民政府有关部门负责人、下级人民政府及其负责人的考核评价内容。

对耕地保护和粮食安全工作责任落实不力、问题突出的地方人民政府，上级人民政府可以对其主要负责人进行责任约谈。被责任约谈的地方人民政府应当立即采取措施进行整改。

第六十三条 外商投资粮食生产经营，影响或者可能影响国家安全的，应当按照国家有关规定进行外商投资安全审查。

第六十四条 县级以上人民政府发展改革、农业农村、粮食和储备等主管部门应当加强粮食安全信用体系建设，建立粮食生产经营者信用记录。

单位、个人有权对粮食安全保障工作进行监督，对违反本法的行为向县级以上人民政府有关部门进行投诉、举报，接到投诉、举报的部门应当按照规定及时处理。

第十章 法律责任

第六十五条 违反本法规定，地方人民政府和县级以上人民政府有关部门不履行粮食安全保障工作职责或者有其他滥用职权、玩忽职守、徇私舞弊行为的，对负有责任的领导人员和直接责任人员依法给予处分。

第六十六条 违反本法规定，种植不符合耕地种植用途管控要求作物的，由县级人民政府农业农村主管部门或者乡镇人民政府给予批评教育；经批评教育仍不改正的，可以不予发放粮食生产相关补贴；对有关农业生产经营组织，可以依法处以罚款。

第六十七条 违反本法规定，承储政府粮食储备的企业或者其他组织有下列行为之一的，依照有关行政法规的规定处罚：

（一）拒不执行或者违反政府粮食储备的收购、销售、轮换、动用等规定；

（二）未对政府粮食储备的收购、销售、轮换、动用等进行全过程记录；

（三）未按照规定保障政府粮食储备数量、质量安全。

从事粮食收购、储存、加工、销售的经营者以及饲料、工业用粮企业未按照规定建立粮食经营台账，或者报送粮食基本数据和有关情况的，依照前款规定处罚。

第六十八条　违反本法规定，侵占、损毁、擅自拆除或者迁移政府投资建设的粮食流通基础设施，或者擅自改变其用途的，由县级以上地方人民政府有关部门依照职责责令停止违法行为，限期恢复原状或者采取其他补救措施；逾期不恢复原状、不采取其他补救措施的，对单位处五万元以上五十万元以下罚款，对个人处五千元以上五万元以下罚款。

第六十九条　违反本法规定，粮食应急状态发生时，不服从县级以上人民政府的统一指挥和调度，或者不配合采取应急处置措施的，由县级以上人民政府有关部门依照职责责令改正，给予警告；拒不改正的，对单位处二万元以上二十万元以下罚款，对个人处二千元以上二万元以下罚款；情节严重的，对单位处二十万元以上二百万元以下罚款，对个人处二万元以上二十万元以下罚款。

第七十条　违反本法规定，故意毁坏在耕地上种植的粮食作物青苗的，由县级以上地方人民政府农业农村主管部门责令停止违法行为；情节严重的，可以处毁坏粮食作物青苗价值五倍以下罚款。

第七十一条　违反有关土地管理、耕地保护、种子、农产品质量安全、食品安全、反食品浪费、安全生产等法律、行政法规的，依照相关法律、行政法规的规定处理、处罚。

第七十二条　违反本法规定，给他人造成损失的，依法承担赔偿责任；构成违反治安管理行为的，由公安机关依法给予治安管理处罚；构成犯罪的，依法追究刑事责任。

第十一章 附 则

第七十三条 本法所称粮食，是指小麦、稻谷、玉米、大豆、杂粮及其成品粮。杂粮包括谷子、高粱、大麦、荞麦、燕麦、青稞、绿豆、马铃薯、甘薯等。

油料、食用植物油的安全保障工作参照适用本法。

第七十四条 本法自 2024 年 6 月 1 日起施行。

后　记

正值《中华人民共和国粮食安全保障法》即将正式施行之际，书稿得以出版，感慨良多。本书是国家社会科学基金重大项目"党的十八大以来党领导维护国家粮食安全的实践和经验研究"（编号：22ZDA117）和国家社会科学基金重点项目"粮食安全的法治保障研究"（编号：20AZD116）的重要成果之一，项目研究团队所积累的文献资料和研究成果为本书的编撰和顺利出版提供了有力的支撑。

从选题到出版，南京财经大学5名教师、10余名粮食经济领域的博士研究生和硕士研究生以及选修《粮食流通产业与政策》课程的70余名本科生开展了卓有成效的研究、讨论、编写和完善工作。南京财经大学梅西学院金融工程2101班、金融工程2102班、大数据2101班和大数据2102班的冯柯南、傅杰克、顾钧瑶、郭雅琳、何安群、何苗、蒋雨泓、孔婷婷、李沐奇、刘一江、陆昱文、吕昊轩、马宏洋、毛梓陶、闵柯玮、秦欣楠、孙文慧、唐筱彧、王思涵、王艳萍、王卓杨、姚宇豪、于开承、袁泉、张怡萱、张泽清、赵昕栋、周子又、朱浩、朱熙未等71名同学（按姓氏拼音排序）为本书编写提供了基础资料；南京财经大学粮食和物资学院的博士研究生徐硕、徐杰、李盼盼，硕士研究生曹鹤缤、吴嘉丽、张雅雯、许雯珺、马幸巧、任思睿参加编写；南京财经大学粮食和物资学院的胡迪、韩经纬、刘婷三位老师做了前期审稿；南京市发展和改革委员会杜长明先生提出了宝贵的修改建议；国家社科基金重点项目主持人曹宝明对全书进行了修改和审定；中国农业出版社的闫保荣老师为本书的选题、编审和出版付出了辛劳与努力；中国工程院院士、沈阳农业大学教授陈温福为本书欣然作序。在此一并致谢！

赵　霞

2024 年 4 月于南京